“新家庭”系列

陈晓　陈赛
/
编著

孩子，愿你成为你自己

写给年轻的父母，
和他们的男孩、女孩

中信出版集团 | 北京

图书在版编目（CIP）数据

孩子，愿你成为你自己：写给年轻的父母，和他们的男孩、女孩 / 陈晓，陈赛编著. -- 北京：中信出版社，2019.12

ISBN 978-7-5217-1101-1

Ⅰ. ①孩… Ⅱ. ①陈… ②陈… Ⅲ. ①家庭教育 Ⅳ. ① G78

中国版本图书馆 CIP 数据核字（2019）第 209519 号

孩子，愿你成为你自己——写给年轻的父母，和他们的男孩、女孩

编　　著：陈晓　陈赛
出版发行：中信出版集团股份有限公司
　　　　　（北京市朝阳区惠新东街甲 4 号富盛大厦 2 座　邮编　100029）
承 印 者：中国电影出版社印刷厂

开　　本：880mm × 1230mm　1/32　　印　　张：9　　字　　数：151 千字
版　　次：2019 年 12 月第 1 版　　印　　次：2019 年 12 月第 1 次印刷
广告经营许可证：京朝工商广字第 8087 号
书　　号：ISBN 978-7-5217-1101-1
定　　价：58.00 元

服务热线：400-600-8099
投稿邮箱：author@citicpub.com

目 录

Contents

下篇

养育女孩

愿你活得漂亮，
却只为悦纳自己

总　序

杂志的极限何在？

这不是有标准答案的问题，而是杂志需要不断拓展的边界。

中国媒体快速发展20余年之后，网络尤其智能手机的出现与普及，使得媒体有了新旧之别，也有了转型与融合。这个时候，传统媒体《三联生活周刊》需要检视自己的核心竞争力，同时还要研究如何持续。

这本杂志的极限，其实也是"他"的日常，是记者完成了90%以上的内容生产。这有多不易，我们的同行，现在与未来，都可各自掂量。

这些日益成熟的创造力，下一个有待突破的边界在哪里？

新的方向，在两个方面展开：

其一，作为杂志，能够对自己所处的时代提出什么样的真问题。

有文化属性与思想含量的杂志，重要的价值，是“他”的时代感与问题意识。在此导向之下，记者将他们各自寻找到的答案，创造出一篇一篇文章，刊发于杂志。

其二，设立什么样的标准，来选择记者创造的内容。

杂志刊发，是一个结果，这个过程指向，《三联生活周刊》期待那些生产出来的内容，能够被称为知识。以此而论，杂志的发表不是终点，这些文章，能否发展成一本一本的书籍，才是检验。新的极限在此！挑战在此！

书籍才是杂志记者内容生产的归属，源自《三联生活周刊》一次自我发现。2005 年，周刊的抗战胜利系列封面报道获得广泛关注，我们发现，《三联生活周刊》所擅不是速度，而是深度。这本杂志的基因是学术与出版，而非传媒。速度与深度，是两条不同的赛道，深度追求，最终必将导向知识的生产。当然，这不是一个自发的结果，而是意识与使命的自我建构，以及需要持之以恒的努力。

生产知识，对于一本有着学术基因，同时内容主要由自己记者创造的杂志来说，似乎很自然。我们需要的，是建立一套有效率的杂志内容选择、编辑的出版转换系统。但是，新媒体来临，杂志正在发生的蜕变与升级，能够持续并匹配这个新时代吗？

我们的“中读”App，选择在内容升级的轨道上，研发出第一款音频产品——“我们为什么爱宋朝”。这是一条由杂志封面故事、图书、音频节目再结集成书、视频的系列产品链，也是一条艰难的创新道路，所幸，我们走通了。此后，我们的音频课，基本遵循音频－图书联合产品的生产之道。很显然，所谓新媒体，不会也不应当拒绝升级的内容。由此，杂志自身的发展与演化，自然而协调地延伸至新媒体产品生产。这一过程，结出的果实，便是我们的“三联生活周刊”与“中读”文丛。

杂志还有中读的内容，变成了一本一本图书，它们是否就等同创造了知识？

这需要时间，以及更多的人来验证，答案在未来……

李鸿谷

序　言

写给新家庭的爱的教育

母亲与孩子的关系，是我们在谈论家庭关系时的一个经典议题。

《亨塞尔与格莱特》是格林童话里的一个经典故事。樵夫一家很贫穷，又遇到了饥荒，母亲向父亲提议：与其一家四口人都等着饿死，不如把两个孩子扔进密林里去。母亲向父亲提议丢掉孩子，显露出母性的负面性。但是故事第二段马上又交代“两个孩子听见了继母对父亲说的话”，不经意中传达出母亲是继母的信息。众多读者因为“继母”这个词安心起来，变得能接受这一切。

可是事实上，在这个故事最初的版本中，母亲就是孩子的亲生母亲。1840 年定稿时，格林兄弟将之改成了“继母”。白雪公主那个恶名远扬的母亲也一样，那个因忌妒企图杀害女儿的王后，在最初版本里是白雪公主的亲生母亲。对于这种改变，研究格林兄弟的日本著名学者高桥健二先生说：“在最初的故事中，亲生母亲忌妒女儿的美貌，企图杀害她，这未免太缺乏人性，太残酷了。”日本心理学家河合隼雄因此感慨道，“人们总是只承认母亲的正面性是母性的本质，并在此基础上形成了文化和社会，但她的负面性却始终存在于人的无意识中，威胁着我们”。

母性中存在负面特征，让人们有意识地承认这点比较困难，所以就由“继母”这一形象来承担一切负面特征。“继母”将母性的所有负面特征都背到了身上，虽然在现实生活中，好的继母也并不少见。

孩子通过暗中偷听父母的谈话，认识了父母不为人知的一面，因而走向了独立的第一步。如果父母不为人知的一面对孩子打击太大，也会使他们走向极端。在《亨塞尔与格莱特》中，被樵夫哄骗着抛弃的两个孩子在走向密林的途中，和父母之间的对话很有意思。亨塞尔不断回头看，遭到父母的斥责。父母在想：这孩子竟然把早上的太阳照在烟囱上的影子看成小猫，怎么会有这么笨的孩子?! 亨塞尔实际上并非真的在看烟囱，而是希望记住家里的样子。“认识了父母不为人知的一面的孩子，开始有了父母不知道的心眼儿。他开始一步步地走向独立的道路。”这则残酷的故事讲述着童话里一个经典的主题：孩子离开母亲，开始独立。

被扔在密林中的两个孩子又害怕又饥饿，却突然看见了由面包、蛋糕、糖果做成的面包屋——巫婆准备的甜美丰盛的糕点。河合隼雄说，这“令人联想起母亲的溺爱，溺爱会妨碍孩子独立”。亨塞尔和格莱特两兄妹在短短的时间里先后经历了极端的冷酷和极端的宠爱。“说白了，这样的冷酷和宠爱是性质相同的行为。”物质上过度宠爱的反面，往往是精神上爱的缺失。最后这对机智的兄妹将巫婆推进了烤炉，得以逃脱。经历了这么多磨难之后，兄妹俩变得勇敢坚强。当他们回到家后，发现继母已经死了。“这显示母亲和密林中的巫婆有微妙的共性。”

20 世纪六七十年代，河合隼雄在将荣格的心理分析方法引进日本时，看到了日本在经济高速增长的过程中，现代家庭出现的一些新现象，比如：母亲对孩子竭尽所能，为了孩子在所不惜，甚至为他们建立“面包屋”。与母亲在家中的强势态度相比，父亲则比较弱势，经常对母亲言听计从。为了弥补父亲的不足，母亲还必须承担一部分父亲应尽的责任。由于母亲过分为孩子操心，她们开始发挥父亲的作用，时常督促孩子抓紧学习，取得更好的成绩。

当母亲同时扮演父亲角色时，普通母亲应有的特征越来越少。孩子一方面受到过分的宠爱，另一方面却缺乏人性化的待遇，体验着母亲并没有意识到的冷酷。很多母亲会说“为了孩子好”“为了孩子的将来”，她们不是紧紧抓住孩子，就是完全撒手不管。可是一旦发现孩子没有按自己的目标前进，又出现撒手不管的慌乱。

河合隼雄体会到的日本家庭的状况，今天何尝不就在我们身边上演着呢？当我读河合隼雄的书时，从他研究的东西方神话传说的不同、日本与欧洲社会文化结构的差异中，意识到了观察一个社会的现代家庭，可以从中看到这个社会的神话传统、文化结构、经济变化、不同阶层的心理状态对家庭中每个角色的影响。

前几年，中国从“70 后”一直到“90 后”，似乎掀起了一股声讨原生家庭的浪潮。我们用现代的平等意识去反观自己童年时期的经历，抱怨父母的严厉、生硬、缺乏情感沟通。但是随着我们逐渐成为父母，又往往在无可奈何中，发现自己变得越来越像曾经的父母，于是有了我们编辑部策划的《爱的错位》的一期封面故事，讲述当我们是孩子时，当我们成为父母后，我们如何理解关于爱的教育。这期杂志获得了读者热烈的反馈，它也在不知不觉中，帮助《三联生活周刊》更有意识地去做教育与心理相叠加的封面选题。当我们关注一个小家庭里的各个角色心理时，找到了一个与每个人的切身感受都高度相关的小切口，提出属于我们这个时代的、独特的中国话题。

母亲对孩子的高度关注、对孩子教育问题的焦虑、多数父亲的缺位、母亲的自我是否缺失等热门的社会话题，让我们重新反思在新家庭中，母亲、父亲、孩子这三个独立的角色，各自发生了什么变化。我们一步步往前探索，想知道母亲、父亲、孩子这三个角色之间的两两关系，经历了怎样的新挑战。当不是一味抱怨母亲的强势、父亲的缺位时，我们又能提出什么有建设性的议题，帮助我们的社会去关注每个角色可以努力的空间？养育不同性别的孩子，我们是应该更多关注性别的差异，还是它们之间的共性呢？

带着这些思考，我们推出了《男孩的目的》《生为女孩》《成为父亲》等一系列封面故事，并提出了一些值得深思的话题：如何意识到男孩教育的特点；在养育女孩的过程中有没有理想的女性形象；在父职在经济上和知识权威上都被消解的当下，父亲应该如何寻找到自己最适合的家庭位置……

这些话题并没有既有答案，不能照搬西方的或日本的心理学理论给出某个结论，也不是单一解答能够给人抚慰的。但正是在提出一个又一个问题的过程中，我们试图带领读者超越自己家庭里具体的问题和困惑，看到在宏观的历史轴线与深厚的社会心理积淀之下我们所处的位置，知晓我们经历的困惑有何意义。它也试图让我们反观自己的家庭角色，意识到母亲可能带给孩子的负面压力，缺失的父爱可能给孩子带来的不安全感；也让我们能够正视孩子成长中的伟大之处，在孩子的成长过程中，一边体会离别的伤感，一边大胆地鼓励他们独自前行。

吴　琪

上篇

养育男孩

让孩子拥有非凡的梦想和勇气

男孩、男人与科学：现代社会的男孩成长之惑

陈赛

目的的缺失：一代男孩成长中最大的问题

迪恩·瑞德的一生非常精彩。二战的时候，他是轰炸机飞行员。在一次轰炸柏林的任务中，他的战机被炮弹击中，战友死了，他一个人一瘸一拐穿越德国北部边境，到达大海，准备游到挪威，但被德国兵俘虏，那时候他才 23 岁。在德国战俘营中度过战争的剩余时间后，他回到家乡，娶妻生子，养家糊口。

“我不想做英雄，只想做一个男人。”80 岁的他告诉自己的女婿迈克尔·格瑞恩。迈克尔是一名家庭治疗师，美国著名的男孩研究专家，当时他正在写一本书，叫《男孩的目的》。

半个世纪前，男人对于“什么是男人”有一种朴素而明确的理解——身为男人，必须独立、坚强、有勇气、敢于冒险。

今天，绝大部分的男孩不再像迪恩那样长大。他们不必年纪轻轻就上战场，杀敌，逃命，入狱，忍受肉体与精神的折磨。在他们的成长过程中，丰厚的物质条件和父母的过度保护麻痹了他们的努力。但成人世界的压力从没有减少过，所以他们越来越不愿意长大。作为男性的一些基本人格特质没有在他们身上得到鼓励和培养，反而在不断丧失，甚至走向偏执。他们不知道人生的意义是什么，不知道做一个男人意味着什么。如果愿意，二三十年后，他也许能成为一个男人，但有些男孩永远也不想长大。

迈克尔医生认为，现代学校教育系统是这种全球性的“男孩危机”的根源——在课堂里“安静坐着，读书，写字，举手提问，认真做笔记”的教育方式，从本质上就是适合女孩而不是男孩的。

男孩与女孩的大脑发育状况不同，学习方式也不同。一般来说，5 岁男孩的大脑语言区发育水平只能达到 3 岁半女孩的水平，但他们的手眼协调能力和运动技巧优于女孩，不过这些优势在学校里没有得到发挥，而是被要求学会如何握铅笔或画笔。男孩天性好动，不愿意安静地坐着。而学校里绝大部分老师对于男孩与女孩之间的这些性别差异毫无意识。

从表面上看，男孩的问题似乎是因为女孩的竞争压力所致。100 年前也是实行同样的教育方式，但那时只有男孩能接受教育，男孩跟男孩竞争，所以问题并没有暴露出来。当然，那时候的男孩也是讨厌上学的。

其实，男孩一直是男孩，是学校对他们应该如何行为举止的期待改变了。自从女孩获得平等的教育权，她们在语言、性格方面的优势很快就显现出来。在小学里，女孩的乖巧被视为黄金规则，男孩被当成“有缺陷的女孩”被教育。从 1978 年开始，美国大学女生的成绩已经普遍比男生优异。

动物学家很早以前就发现了，青年大猩猩打架，不只是为了争夺食物和母猩猩，更是为了建立自己在族群中的地位。它们总是选择对抗，而不是示弱。心理学家说，相似的进化驱动使得男孩很难在中学立足——和大猩猩一样，他们决不愿示弱，尤其是公开示弱，亦不肯承认自己需要帮助。

于是，受了挫折的男孩形成一种可怕的刻板印象——上学是女孩和书呆子干的事情，强硬、有攻击性才是有男性气概的。于是，他们与学校之间越走越远，宁可沉迷在电子游戏里。

在美国，高中辍学率高达 30%，其中大部分辍学的是男生。

20 世纪 90 年代早期，美国政府还在呼吁，要举全国之力，帮助女孩提高科学与数学成绩。

现在，美国女孩在学业表现上一路领先男孩，2009 年拿到硕士学位的女性是男性的 1.51 倍，甚至在数学等传统上男孩遥遥领先的学科，男孩领先优势也在快速缩小。美国《商业周刊》的一篇文章这样写道："在美国各地，女生在学习方面似乎建立了一个罗马帝国，而男生则像古希腊一样日趋衰败。"

中国的数据更加惊人：10 年间，女大学生在校人数比例提高了 10.3 个百分点，女硕士的比例提高了 13.6 个百分点，女博士的比例提高了 15.9 个百分点。

100 年前，不是每个男孩都要上大学才能成功，他们可以选择做一个好丈夫，一个对社会有用的正派男人。他们可以去工厂，或者当学徒、做生意。但今天，教育变成一个不可逾越的门槛。根据美国 2005 年的统计，一个年轻男人如果没上过大学，他的收入不到大学毕业生的一半。他被解雇的风险比大学毕业生高 3 倍，离婚、犯罪、无家可归的概率也更大。据统计，在美国 15~17 岁的青少年中，进青少年惩戒所的男孩数量是女孩的 8 倍多。

脑神经科学告诉我们，人都有一种天然的要获得意义和英雄主义的内在驱动力，他们需要被世界所需要。比起女孩，这种驱动力在男孩身上往往表现得更强烈，他们对与战争、暴力相关的电子游戏的沉迷正是这种驱动力的一种反映，只不过游戏中获得的成就感是虚假的。

“对一个十三四岁的男孩来说，没有方向，没有目标，混几年后，等他到 20 多岁的时候，基本上就被放弃了。他或者颓废度日，或者走向愤世嫉俗。”迈克尔医生说，“一个男人必须有一个目标，为了这个目标不惜牺牲一切，才能找到自己存在的价值。”

在他看来，目标的缺失，是这一代男孩成长过程中最大的问题。中国男孩恐怕也不例外。因为中国的独生子女政策，一个男孩从小就意识到自己的重要性，因为所有人都围着他转，所有人都告诉他，你很重要，却没有人引导他如何靠自己的努力获得这种重要感。

只有亲自获得的成就才能带来真实的满足感，苍白的赞扬丝毫不会增加一个男孩的目标感，反而让他们困惑。他们在心理上同时被溺爱和被忽略，这让他们软弱、无力，甚至对社会生气。

迈克尔医生认为，这与他们生命中父亲角色的缺席有重要关联，缺乏父爱的男孩可能成长为危险男人，至少在美国如此。为了证明这一观点，他为《三联生活周刊》提供了一组惊人的数据：在美国，超过 3000 万的孩子没有与父亲一起生活；1/3 的孩子一年之内见不到父亲，90% 的无家可归或离家出走的男孩来自无父家庭；71% 的高中辍学生来自无父家庭；63% 的自杀青少年来自无父家庭；青少年惩戒所里 70% 的不良少年来自无父家庭；一个孩子如果没有父亲，他长大之后陷入贫困的可能性增加 10 倍；绝大部分的未婚先孕少女来自无父家庭。美国前总统奥巴马亲身体验过父教缺席的影响，在 2009 年父亲节前夕，他说：“父爱缺失在孩子心中留下的空洞，任何政府都无力填补。”

在《拯救男孩》一书中，孙云晓如此描述中国父亲缺席的原因：“整个社会通过许多方式隔绝了父亲参与子女的教育。传统的‘男主外，女主内’的性别分工仍然制约着人们的思想和行为方式，使父亲对养育孩子的事情敬而远之、漠不关心；社会的工作结构和政策制度也在强化父母角色的差异，将教育孩子的职责指向母亲，使父亲对孩子教育投入的时间相对减少；另外，传统‘严父’刻板印象也降低了父亲对孩子表达关爱的意愿和能力。这种社会文化的影响如此强大，所以我们看到远离孩子的教育，并不是个别父亲的选择，而是一种普遍的社会现象。”

现实情况是，即使在正常家庭中，父亲也已经远离了孩子的情感中心。中国高中生将父亲选为第六倾诉对象，排在同性朋友、母亲、异性朋友、兄弟姐妹甚至网友之后。而从 9 岁到 15 岁，正是一个男孩与父亲建立联系最关键的时期。

在人生的某一阶段，尤其是青春期，为了适应未来的社会角色，一个男孩需要通过一个比他年长的男性，最好是父亲，理解身为男性的意义。父亲是男孩学习自制、冷静、责任的榜样。父亲以 100 万种不同的方式提醒男孩，学习对他们人生的重要性，引导他们为天性里的攻击性、竞争性和冒险性，找到更富有意义的出口。一个理想的父亲以身体力行的方式告诉男孩，什么是真正的男人，什么是真正的男性气概。

双性化教育：男性气概，还是雌雄同体

哈佛大学的政治哲学教授哈维·曼斯菲尔德在一本叫《男性气概》的书中曾经这样定义“男性气概”——在危险处境里的自信。一个有男性气概的男人必须知道自己在做什么。

尽管现代技术减少了一个男人必须拿生命冒险的场合，但它仍然是一种灵魂的品质。柏拉图称这种品质为“血气”，为人类和动物所共有。虽然并不完全摒除女性具有男性气概——哈维教授认为，撒切尔夫人就是一个具有男性气概的女人——但男性气概主要集中于男人身上。一个具有男性气概的男人，会为了某一个目的而甘冒生命危险。

哈维教授高度赞扬这种男性气概——“男性气概寻求和欢迎戏剧性，它偏爱战争、冲突和冒险。当惯例无济于事，当计划最终泡汤，当试图用现代科学的成果理性地控制一切但结果漏洞百出时，男性气概或者带来变化，或者恢复秩序。如果说屈从和祈祷是我们最后的办法，那么男性气概就是在它们之前排在倒数第二位的诉求”。

不过，他哀叹，这样的男性气概在美国已经越来越少了，因为它一再遭到女权主义运动的打击。今天的美国人生活在一个“性别中立”的社会。在这样的社会里，性别不再重要，它不再给你权利、义务，不给你加分，不给你减分，也不给你任何位置和角色。

在他看来，为了政治正确而压制一个男人与生俱来的性别特征，不仅伤害了男人，也伤害了女人。“我们应该把男孩培养得更具男性气概。男孩其实很清楚自己的性别，但今天的教育要求他们忽略自己的性别，这让他们感到困惑。”哈维说。

美国心理学家对2000多名儿童的调查结果发现，过于男性化的男孩和过于女性化的女孩，其智力、体力乃至智商、情商的发展水平都相对较低。相反，那些兼有温柔、细致等气质的男孩和兼有刚强、勇敢等气质的女孩却大多智力、体力和性格发展更全面，成年后在竞争激烈的现代社会里更具优势。这一发现促发了“双性化教育”的家庭教育新理念，比如鼓励孩子向异性学习，增加男孩女孩接触的机会，避免将性别特征区分过清等。

对于“双性化”，北京大学心理学系临床心理学教研室讲师姚萍博士强调，必须先搞清楚概念。现在国内对“双性化”的理解有许多误区，尤其是流行文化制造出来的“中性形象”，比如“快男”“超女”，但这些并不是心理学意义上的“双性化”。

“双性化人格”是心理学家A.S.罗西提出来的一个概念：一种兼具男女两性人格优点的综合性人格类型。弗洛伊德早就说过，一个正常人的行为从来不是完全男性化或者女性化的。瑞士心理学家荣格则有一个著名的“阿尼玛（anima）和阿尼姆斯

（animus）”理论，用“男性的女性意向”和“女性的男性意向”两个术语，说明人类先天具有的双性化生理和心理特点，即每个人内心都同时住着一个男性人格和一个女性人格，只不过很多时候它们一个睡着，而另一个很清醒。

从双性化理论的起源看，它本是一个与性别刻板印象（性别歧视）做斗争的理论。“双性化”研究最具代表性的人物——美国心理学家桑德拉·本姆曾经在《性别的滤镜》一书中指出，社会通过三种滤镜看待男人和女人：一是大男子主义，将女性视为“他者”；二是性别两极化，将男人与女人放在一个维度的两个极端，将男性特征与女性特征彻底对立起来，在个人身上这两种特征必然互为消长；三是生物决定论，该理论认为一个人的生物学特征决定他的命运。数千年来，这三种隐藏的、扭曲的滤镜，已经深深植入人们的灵魂，而她的研究就是为了“使人类个性从个体的性别角色刻板形象的束缚中解脱出来”。

1974 年，桑德拉·本姆根据双性化概念编制了测量性别角色的贝姆量表（Bem's Sex RoleInventory），将一个人的性别特征分为四种：男性化，女性化，双性化和未分化。双性化理论认为双性化是一种最为理想的性别模式，它集合了男性和女性的性别优点，双性化者在心理健康、自尊、自我评价、受同伴欢迎、适应能力等方面都优于单性化者（典型女性化者、典型男性化者）。

弗洛伊德在谈论达·芬奇时曾说，创造力丰富的人往往具有跨性别的特征。双性化人格与创造力之间是否真有关联？有哪些方面的创造力？这是当代心理学家最感兴趣的课题之一。

2002年，在观察了大量创造性行为之后，两位心理学家（希特纳与丹尼尔）发现，与具有单性化人格的人相比，具有双性化人格的人在文学、戏剧、摄影等领域都有更大的成就。

就像弗吉尼亚·伍尔夫在《一间自己的屋子》里所写的："要成为一名理想的作家，必须女人男性化，男人女性化……在一个艺术品的创作完成之前，男人和女人的大脑之间必须发生某种合作，就像性格迥异的婚姻可以非常完美。"在这篇文章里，她称赞了几位"雌雄同体"的作家，比如莎士比亚、济慈、威廉·考伯、查尔斯·兰姆，但她并不确定米尔顿、约翰逊、托尔斯泰是否可以算在内，而普鲁斯特则未免女性化过了头。

"双性化教育是有主次区分的。一个男孩的双性化教育应该强调男性阳刚、坚强的一面，而女性化的一面，比如细心、温柔，则属于补充，最好是顺势引导，这样才能让他将来更加适应社会。很多时候，你不得不承认，一个具有男性气概的男人，是比较有魅力的。”姚萍说，“女孩也一样，过于刚强的女孩，缺少了女性的温柔，难免让人爱慕的心不够。更重要的是，这可能会影响她将来身为一名女性最重要的社会功能的执行——养育孩子。”

“男性特征与女性特征各有其用武之地。”她说，“通常来说，适宜表现男性特征的场合是在工作中，而女性特征的用武之地则主要在人际交往方面。也就是说，男性特征会让你的事业更成功，女性特征会让你的生活更愉快。”

为什么男女有别?

迈克尔医生说：“在一个男孩与女孩真正享有平等机会的社会里，关键不是男孩是否应该更阳刚，或者女孩应该更温柔，而是无论男孩女孩，是否能够从他们的父母、家庭、学校和社群中得到他们所需要的。”

无论采取什么样的解决方案，起点必然在理解——理解男孩，理解他们与女孩之间学习方式的差异、个性心理的差异、思维方式与行为的差异。迈克尔医生抽样调查过美国的小学、中学和大学，发现在 99% 的学校里，老师对于男女学生的大脑差异毫无概念。

20 多年前，他创办了一个培训机构，专门为全美各地的学校培训老师，让他们观察男孩与女孩的大脑扫描图，了解男孩与女孩大脑分泌的激素差异，了解男孩与女孩的学习机制有哪些不同，性别到底在多大程度上影响男孩与女孩的行为、思想和感觉。

通过大脑扫描我们发现，一般男性的大脑比女性的大脑平均大 9%，但这并不能说明男性比女性更聪明。事实上，大部分时候，女性的大脑活跃程度比男性更高（葡萄糖代谢率高出 15%~30%），即使在休息状态下。

男性的小脑活跃程度高于女性，那是一个行动中心；而女性负责左右半脑之间交通的结缔组织更密集，这或许能解释为什么在执行语言任务时，女性的左右半脑同时被激活，而男性只激活左半脑。因此，一般来说，女性的语言能力天生优于男性，她们更适合以静态读写为基础的教育方式，比如女孩们更擅长写作文。

在这方面，对于男孩，一个有效的策略是，先让他们随心所欲地跑动一番，从而激活他们的左右大脑。因为男孩只有左半脑执行语言功能，而右半脑是视觉 / 图形中心和空间认知中心，所以给男孩布置作文时，可以先让他们画一个小时的故事内容，然后把画的东西描述出来。这样一个小小的教学策略改变，能让男孩也写出非常精彩的文章。

最近几年，科学家还发现，随着女孩年龄的增加，她们的右脑越来越有组织性，也就是说，在她们的右脑半球不同脑区之间呈现越来越清晰的联络路径，男孩则在左半脑呈现这种发育趋势。这一发现为以后进一步研究男孩与女孩的大脑发育与认知能力、学业表现之间的关系指明了方向。

男性和女性处理负面情绪的大脑区域也不同，男性处理负面情绪的区域在边缘系统，尤其是杏仁核，而女性在大脑皮层，大脑皮层与语言、推理、反应的区域相连。这也是为什么女孩更愿意倾诉，而男孩不愿意谈自己的感情。所以，如果一个男孩受了挫折、做了错事，家长最好的处理方式不是与他坐下来谈心，而是与他一起做一件事情，比如去超市、打篮球等。

女性的前额叶皮质区更大，成熟更早，这或许能解释她们的耐心和谨慎。相比之下，男性的杏仁核（处理恐惧、生气与强烈情绪）更大，神经细胞更多，这也许能解释为什么他们比较好战、冲动。

比起男性，女性对情感有更强烈的需求。如果说女性有一条八车道的高速公路处理情感信息，那么男性只有一条乡间小路。谈心能激活女孩大脑的愉悦中心，让它释放大量的多巴胺和后叶催产素，其带来的愉悦感仅次于性高潮。

其实，关于男女在心理与认知模式上的差异，脑神经学家的很多结论与心理学家的研究结果是一致的。但因为心理学的研究绝大部分是针对成年男女的，这些差异仍然被认为是社会化的结果。这也是 20 世纪学术界流行的观点——人类思维本是一张白纸，所有的结构来自后天的社会化影响、文化影响、父母教化和个人体验。

男孩、女孩是在成长过程中逐渐变得“男性化”“女性化”的。从四五岁开始，他们会从事一些被他们的社会、文化所认可或期待的，合适于男孩或女孩的活动。他们会寻找同性别的朋友，渐渐发展出男性或女性的个性特征与思维模式，比如男孩独立、主动，而女孩温顺、被动。这种被社会设定好的技巧、个性、行为、自我认知被视为一种“性别刻板化”（sex typing）的过程。

在性别差异上，生理与社会环境因素其实很难剥离。大脑的发育固然是受到激素的影响，但激素同时受到生理因素和社会因素的影响。而且大脑有差异，并不代表这些差异是一成不变的。事实上，人类的大脑可塑性很强，它一直在变化着，尤其在青春期，一个男孩的大脑灰质会经历重大的“修剪”，而女孩的“修剪期”比他们还要早两年。

关于男人与女人的真相

剑桥大学的神经学教授西蒙·巴伦-科恩（Simon Baron-Cohen）做过一个很有趣的实验。

他找到100个刚出生24小时的婴儿。隔着8英尺（约2.4米）的距离，婴儿们可以看到一个人的脸和一个相同大小的机械车模型。然后，根据婴儿对人脸和模型的反应来推测他们的性别。结果发现，盯着机械车模型看的绝大部分是男婴，而女婴大都盯着人脸看。

可见，一个人大脑的“性别差异”在出生的第一天就显示出来了。当然，这种差异模式只在群组对比时出现，并不适用于个体。更有趣的是，科恩教授还发现，通过测量羊水中产前睾丸雄激素的多少，有可能预测胎儿以后的社交能力。

他的实验是这样的：剑桥大学的医学实验室有一批分别于 1996 年和 1997 年收集的孕妇羊水冷冻样本，利用这些羊水样本可以测量孕妇在妊娠早期（大脑发育关键时期）子宫中所含的睾丸雄激素量。

睾丸雄激素是一种激进的雄性激素，对胎儿大脑的发育影响极大。当这些孩子 12 个月大的时候，科恩教授录制了 20 分钟内他们在地板上玩时抬头看妈妈的次数。当这些孩子两岁时，科恩教授对孩子的父母进行了一次问卷调查，让他们评估孩子的词汇量。结果发现，孕妇产前子宫中的睾丸雄激素水平越高，孩子在幼儿期的眼神接触越少，语言发展越慢，社交能力越弱。

科恩教授对这个结果感到震惊：出生前小小的几滴化学元素，竟有可能影响一个人的社交能力或语言能力。事实上，科学家很早就发现，当母亲怀的是男胎时，子宫内所含睾丸雄激素的浓度相当于怀女胎时的 8 倍多。到了五六岁时，男孩体内的睾丸雄激素仍然比女孩多出 10%~20%。他由此推出，睾丸雄激素是塑造男女大脑差异的关键原因之一。

这种差异表现在认知模式上，就是女性大脑善于表达同情（empathy）和交流，而男性大脑则更强烈地趋向于理解和构建系统，他们构建的不仅是机械系统，也包括抽象系统，如音乐、绘画、数学。换句话说，女人善于理解“人”，而男人善于理解“物”。在他看来，这是男女之间最本质的差异。

不过，这种差异并不绝对，即使同性之间，睾丸雄激素的含量也是很不一样的。事实上，科恩教授将人类大脑分为三种：一种是同情长于系统（E 型大脑），一种是系统长于同情（S 型大脑），第三种则是同情与系统等长（B 型大脑）。心理测试结果显示：44% 的女性拥有 E 型大脑，17% 的男性拥有 E 型大脑；54% 的男性拥有 S 型大脑，而 17% 的女性拥有 S 型大脑。

可见，很可能不是性别，而是产前睾丸雄激素水平决定了你的大脑。一个男人可能拥有一个典型的女性大脑（如果他的睾丸雄激素水平很低），而一个女性也可能拥有典型的男性大脑（如果她的睾丸雄激素水平很高）。

作为研究孤独症的世界级专家，科恩教授还由此提出一个假说，拥有“极端的男性大脑”的人更易患孤独症。如果父母双方都拥有典型的“S 型大脑”，则子女患孤独症的概率就会大大增加。

他发现，患孤独症的孩子大多是男孩，在患有一种名为“阿斯伯格”的相对轻微的孤独症的群体中，男女比例甚至高达10 ∶ 1。这些孤独症男孩的思维呈现一种极度“系统化”的特征。他们的大脑无法理解或者处理社会化信息，无法建立与他人之间的情感联系，只能根据规则或法则理解事物，他们极善于系统化，常常有一些很偏执的爱好，比如喜爱列车时刻表（时间系统）、旋转的物体（物理系统）、深海鱼类的名字（自然的分类学系统）……

患有严重孤独症的男孩，往往还会出现学习障碍、语言障碍。他们会不停地蹦上蹦下，或者旋转，因为运动本身是高度规则化和可预测的。还有一些孩子会盯着一片树叶看上好几个钟头，这些被临床诊断为“无意义的、重复的行为”很可能是一种高度系统化思维的征兆。

科恩教授将这一假说写成了一本书，书名叫《本质的差别：关于男人与女人的真相》。写这本书他花了 5 年的时间。一来是因为他的实验样本量太少，难免底气不足；二来则是因为这个主题过于“政治敏感”了。

2005 年，当时哈佛大学的校长劳伦斯·萨默斯发表了一句立场很不正确的言论——“男人比女人更适合搞科学，是他们的心智差异所致”。这话犯了众怒，被认为是性别歧视，惹来女权主义者的炮轰，差点将校长赶下台。

令人遗憾的是，科恩教授的很多实验结果与生活中的一些“性别刻板印象”是一致的，比如女孩喜欢玩偶，男孩喜欢卡车。即使同样得到卡车玩具，女孩和男孩的玩法也不一样：女孩会给它们取名，一个叫“爸爸卡车”，一个叫“妈妈卡车”；而男孩则会翻来覆去地摆弄不停，甚至拆开，直到卡车坏了为止。

女孩喜欢八卦，男孩喜欢打架。女孩擅长语言，男孩更有空间感。女孩绕着弯子用语言攻击敌人（她们需要了解对方的感觉），男孩则抡起拳头直接上。谋杀犯中男性居多，因为他们缺乏同情的能力。男人更容易成为数学家、物理学家、工程师或者棒球手——棒球的抛物线取决于投球手的手指握在什么位置——一个可预测的系统。

为了支持科恩教授，哈佛教授史蒂芬·平克（Steven Pinker）

曾说过这样一段话："我是一个女性主义者。我相信女性被压抑、歧视、伤害了数千年。我相信 20 世纪的两场女性主义运动是人类历史上最伟大的成就之一。但是，我们必须认识到，道德的设定——人不应因为自己的性别而被歧视——女性主义的核心，不应否认男女之间生物学上的差异。这是两码事。事实上，理解这种差异是符合女性主义的核心哲学的。"

女人需要男人，就像鱼需要自行车？

其实，很多时候，人们关于性别的刻板印象是准确的，比如女性对于情感的依恋。

女性主义领袖人物葛罗莉亚·史坦能曾说："女人需要男人，就像鱼需要自行车。"但在很多情况下，女人只有和男人形成一种亲密、持续、共生的关系，才能感觉到安全、满足，这也是为了安全地养育下一代。如果过于强调权利，而抹杀女性对情感依恋的深层需要，尤其是对女性身上"母性"的否认，反而是对女性的一种伤害。

在迈克尔医生看来，母性是女人最重要的天性，即使她们没有自己的孩子。这是可以得到生物学解释的。比起男性，女性的大脑包含更多的催产素，这是一种母性激素，能促进母亲与幼儿之间亲密的交流和爱抚，建立安全的连接关系。当一个小女孩抱着洋娃娃，或者当一个女人抱着一个哭泣的宝宝时，她的大脑会分泌大量催产素。男人并不是不关心婴儿的哭泣，只是他们的反应会比较慢。

他们还建议，母亲在婴儿出生到两岁之间，最好暂时放弃工作，专心带孩子，因为这段时间是婴儿与母亲之间联系最密切的一个阶段。

社会规则与男孩精力：寻找男孩成长的方向

陈晓

男孩对立所

当我的孩子——一个 7 岁的男孩上小学不到一年的时候，我和老师有一次对他“未来”的谈话。这次谈话是严肃且颇有些焦虑的。老师说，他在学校有很多明显无法控制自己、无法遵守学校规则的行为。

比如：他会在体育课排队时扭头和同学说话，会在不允许奔跑的教室走廊里奔跑，会在上课时还没得到老师的允许就自顾自地站起来说出答案，所有同学整齐列队前进时他会冲出队伍按照自己想象的轨迹跑一个小圈。他对自己的自由行为表现出不愿控制也无力控制的感觉。

老师的眼里有一种真实的忧虑和不解。眼前这个小男孩看起来在学业上还没有出现什么问题，可多年的经验已经让她担心他的未来，她以一位老师的责任感向我提出忠告：如果不能将孩子的行为纳入一个有规则的轨道，让他有一个符合学校秩序规范的行为习惯，“可能到三年级以后，随着学业压力的增加，他的成绩会垮下来”。

我相信这不是老师危言耸听。已经有众多学者的研究表明，男孩在教育这个最重要的社会通道上表现堪忧。经济合作与发展组织运用国际学生评估计划，针对全世界范围内 15 岁青少年的知识和技能进行了一项为期三年的研究，该评估计划主要衡量青少年对语文、数学和科学知识的掌握以及运用能力。对包括美国、英国、加拿大、德国、日本等 35 个发达国家的研究结果显示，女孩在所有教育评分上胜过男孩，而偏离总体统计数值最为严重的对男孩的测验结果出现在阅读和写作这两个基础科目上。

学业危机不代表孩子生活的全部，但学校生活是几乎所有孩子长大成人的第一步。哈佛研究员丹·金德伦和心理学家迈克尔·汤普森在他们的研究中发现，从幼儿园到小学六年级，孩子平均每年要在学校度过 1000 多个小时。在入学初期，男孩们普遍面对的特殊挣扎，会延展进他们漫长的学习和社会生活。美国教育部的研究表明，在对更高年级（八年级和十二年级学生）进行的职业期望调查中，两个年级的女孩均比男孩抱有更高的职业期望。

很多研究案例表明，男孩在学业上的落后并不是在一开始就发生的。虽然在生理构造上，学习语言文字以及安静坐在座位上学习的教育方式更适合女生的生物属性，但大部分男孩可以在几乎所有环境中学习，他们有足够的智力天赋在拼字比赛和辩论赛中获胜。他们看起来在阅读上也没有什么天然的障碍，很多受测试的男孩可以在一周内读完一整本《哈利·波特》。但有不少在学习能力上并没有问题的男孩也不幸沦为学业失败的一员。

他们大多因为无法严格遵守学校的秩序，被行为不断冲撞规则过程中获得的负面评价压倒，不被认可的“失败感”可能会“封闭”他们的心智，使他们对学校中的一切都毫无兴趣，其结果常常使他们对社会也丧失兴趣。有些男孩会把对学校和生活的愤怒转化为暴力，成为“问题男孩”出手伤人。还有些被诊断为有学习障碍，带着“失败者”或者“特殊学生”的灰暗烙印，接受药物治疗。在美国，服用百忧解（一种情绪控制药物）的男孩比例远高过女孩。

在很多理论里，学校被认为应该对男孩的成长危机负责。著名的男孩研究专家迈克尔·古里德也曾是教育体系中的一个失败者，多年后他做男孩性别教育反躬自问时，有这样一个论断：无论男孩的学习成绩优劣，他都面临着一个有可能认为他有缺陷、不了解如何引导男孩或修正自身的体系，以及在这个体系下接受教育、管理和指导的风险。工业化时代的学校原本是技术革命后的一个社会福利，让绝大多数孩子得以在幼年时离开戕害他们身体的繁重劳动，从而获得在课堂里受教育的权利。但学校设立的工业化模式存在着某种与统领社会的工业生产相似的逻辑。

杜克大学美国天才儿童协会的执行理事玛格丽特·盖尔与教育顾问休·奥斯本曾为《洛杉矶时报》写了一篇措辞严厉的文章——《让我们消除学习工厂》，描述了当前“工业化教育”发展的基本原理：“由企业工业家们建立起来的经济基础帮助我们设计了我们的学校，其目的是让孩子们为工厂生活做准备。孩子们伴着铃声穿梭在学校里，好似生活在传送带上一样，特别是他们要学习遵循指令，以便能够在正迅速并不断扩散的工厂中工作。”

因此，学校被一些研究者称为“男孩对立所”——“拉低平均测验分数的主要是男孩，抨击教育体制的主要是男孩，我们的老师感觉难以驯服的还是那些男孩。”但简单地把学校作为男孩的“天敌”是有失公允的。

迈克尔·古里德认为，教育体系并非对男孩心怀恶意，实际上这里确实有一些孩子能遇到的最好的人，但它对每个孩子的成功并不负有生物社会学上的责任，也并非是为了密切关注每一个个体的成功而设立的。当我们关注到男孩在其中的困境时，比抨击指责环境更重要的是，如何帮助这些精力充沛的个体找到一条与环境的共处之道。毕竟，对绝大多数男孩来说，进入“男孩对立所”就是他们无可避免的社会化的第一步。

男孩精力

《不怀好意：男孩子的恶劣游戏》是一本由四五十岁的男人们对他们少年时代学习经历的回忆而组成的趣闻集锦。其中最有启发性的一则故事来自查理，一个 1960 年生于纽约的男人，他回忆了自己 13 岁时和男孩同伴们玩过的一个游戏：

> 我们先下到一个伸手不见五指的地下室，随后每个人都找一个地方藏好。当有人打开灯时，游戏便开始了，我们会向其他人扔飞镖。如果你听到有人发出声响，即便你很害怕可能会成为别人的攻击目标，也还是会从藏身之处跑出来用飞镖打他。然后，地下室又恢复了平静，但过不了一会儿，你就会听到有人喊“哎哟”，这说明有人被打中了。有一次我们开灯时，看到一个伙伴的脸颊上正挂着一支飞镖，而它就在他的眼睛下面。从那以后，我们再玩这个游戏时，都会戴上护目镜。

每次迈克尔·古里德在给家长或者老师的性别培训研讨会上讲出这则趣事时，都将这个游戏看作理解男孩特性的好例子。他从另一个角度来看这个颇具危险性的游戏：“这难道不是一种典型的男孩的创新之举吗？”

如果近距离地观察男孩一些让成人匪夷所思的创举时，我们可以看到某种在男孩身体、行动和运动知觉中体现出来的“东西”。这种“东西”无时无刻不在支配男孩的行动，即使他们在读书时，也常常不自觉地用脚打着拍子，用笔在课桌上有节奏地敲击，或是眼睛不时瞟来瞟去，查看周围的事物。甚至就在我和老师充满焦虑地谈论孩子种种不守规则的举止时，被谈论的孩子在一旁一刻不停地和另一个男孩玩相互追逐的游戏，他们围着柱子一圈一圈乐此不疲地跑着。迈克尔·古里德将这种“东西”命名为“男孩精力”。

不仅仅是好动，充满男孩精力的男孩更倾向于以冒险等创新方式学习，比如戴上护目镜继续玩危险的飞镖游戏。“这种精力包含大量的身体运动和对身体目标的控制，是一种非常具有竞争力的精力。有时这种精力不需要言语，而更倾向于秘密行动和沉默。这种精力让男孩更偏爱空间挑战和工具的运用，促使男孩时常寻求一种在有力遏制混乱的过程中成长的学习经验。如在黑暗中扔飞镖的游戏，这一过程通常很少失败并有一个不被打扰且可以自己做主的空间，比如一片田地，或者查理故事中的地下室等，这种精力通常以单一任务为中心。”

我第一次明确地感受到这种“男孩精力”是在一次朋友聚会上。四个家庭的男孩聚集到山间一个小小的营地里，其中年龄最大的一个男孩很快成为孩子军团的领袖。他整日带领“军团”做一些在成人看来毫无意义，甚至匪夷所思的活动。比如用推车、手捧的方式，将路边一堆用来铺设庭院的砂石搬去道路的另一边，或者分成两个阵营进行激烈的阵地争夺战。那个不大也相当简陋的营地，被他们的想象力和行为支配着，时而是可以随意建设的王国，时而是需要捍卫和争夺的战场。

整个营地整日充斥着电子枪发出的突突声、男孩们的喊叫声，还有楼道房间里窜来窜去、倏忽而逝的男孩身影，让一旁的成年人看得既心烦又心惊。直到这个男孩子和父母提前离开了营地，我突然感到营地沉入一种异样的安静。当一个充满男孩精力的孩子存在时，他在破坏着成人世界定义的平静的安全感。但当他离开后，又带走了另一种安全感，我想这或许是关于生命的安全感——生活正在生机勃勃地展开着。

迈克尔·古里德认为，“男孩精力”是文明社会最伟大的资产之一，推动人类社会的改革与创新。它不仅存在于孔武有力、充满传统男性气概的孩子身上，几乎所有的母亲都能注意到，她们的儿子天生具有一种从爬墙、疯狂喧闹中学习和了解世界的能力。他们以不同的方式通向一个同样的目的——渴望无拘无束地让自己不成熟的天性自由发展，在黑暗中独自摸索前进。诗人马克·斯特兰德对男孩的内心世界做了精彩的描述：

男孩子们打碎东西无须四处走动，他们这样是要保持东西完整。

但这种以外在行动，甚至是破坏外在环境的方式呈现的“男孩精力”，遭遇到以秩序规则作为基础的现实世界，男孩所遭受的挫败感是不言而喻的。如何排解这些挫败感并从中获得成长的力量，是男孩心灵深处一场看不见的战争。

游戏：男孩的自我救赎

“老麦”是一名“90 后”游戏玩家。在他的描述里，当第一次陷入游戏时，他是同龄孩子中的失败者：学习不好，没有朋友，常常被欺负。直到有一天，一个常常欺负他的大孩子组队玩《魔兽世界》时，团队中缺少足够的玩家，于是“老麦”加入了这个团队。双方就这样在游戏中从敌人变成了朋友。“老麦”说，是游戏救了他，让他找到了一条在现实生活中无法做到的与他人的连接之道。

电子游戏是很多男孩子都曾寻求过的精神“救赎”之道。它能在相当程度上提供男孩在现实中无法实现的情感需求。首先是成就感。游戏的阶段性设置任务，以及其中对某些身体能力的高度需求，能不断满足一个男孩的成就感。

一个 7 岁的小男孩就这么头头是道地向我讲述了他最喜欢的几款游戏中隐藏的情感密码：“《愤怒的小鸟》考验动手能力和瞄准能力。最开始的关卡最简单，外太空里会有一些金币，这些金币相当于一条路线，你用手指控制金币变成一些弯道和直道，去打败猪猪。到后来，游戏要求的瞄准能力越来越强，只给你几条路线让你来思考，最后的关卡还会有一些会动的东西，让你很难打到它，你必须发现它的规律才行。比如有两座山中间有条很细的缝，缝里有只猪，只有一只鸟能打到，差一毫米都不行。还有一种游戏，需要的关键能力是动脑能力。比如《乐高星球大战》就没有输赢，但这里面有些关卡考验动脑能力。有一次我看到一条飞船挡在路上，怎么都绕不过去。有一天我终于想到办法：飞船旁边有个高台，让桥上的东西掉下来，山洞就打开了，我就能绕过飞船了。”

一个 7 岁男孩无法细腻地描述游戏世界给予他的情感馈赠，但听者也能从这些略显混乱的叙述中感受到些许他在那个虚拟世界中感受到的丰富情感："一开始是兴奋，冲关的时候紧张，打赢了会有成就感，没打过会有挫败感，但是会一直想办法去打。那个飞船挡路上那关我想了好多天，最后是在体育课排队的时候突然想到破解方法的。"

迈克尔·古里德在解释"男孩精力"时提到："男孩天生具有一种从游戏小组和学习小组中学习、关联和了解世界的能力。如果失败，男孩们会放下自尊再次尝试，而当得到对其创举的些许称赞时则会开心一笑。"在游戏世界里，男孩子可以无数次地为一个单一的目标试错，失败，再重头来，自由地体验这无数过程中包含的丰富且完整的情感撞击：紧张，兴奋，成就感和挫败感……

以"自由看待教育"著称的语文老师蔡朝阳曾经写过一篇文章——《我为什么不反对孩子玩电子游戏》，文章中总结了游戏的一些特点："第一，游戏是自主的，实际是自由的；第二，游戏不是平常的或者真实的生活，可以说它走出了真实生活而进入一个暂时的别具一格的活动领域；第三，游戏具有作为一种文化现象的复杂形式，一旦开创，游戏的长期举办恰是心灵的一种崭新创造，一种被记忆保留下来的财富，是可传达的；第四，游戏中也有秩序，把一种暂时而有限的完美带入了不完善的世界和混乱的生活中。”

与现实世界中的秩序不同，游戏中的秩序是玩游戏的同龄人参与建立起来的，男孩在其中不仅可以获得创造自己世界的成就感，还能跟同伴建立起纽带。“如果我们在一款游戏里跟一大群玩家玩足够的时间，会感觉自己成了宏伟事业的一部分，成为一个史诗故事、一个重要项目或者一个全球化社区的一环。”对时刻需要挑战和成就感作为成长燃料的男孩来说，这是多么难以在现实生活中获得的存在感。

甚至有时候游戏还能让男孩寻找到一些类似生活使命感的更为深刻的东西。资深游戏“思想家”洪韵曾在一个演讲中如此谈到游戏对他成长的影响：“我想引用我非常喜欢的一部游戏结尾的一段话，就是《潜龙谍影 2：自由之子》里的一段话：生命的意义并不仅仅在于将我们的基因传给下一代。除了 DNA（脱氧核糖核酸）外，我们可以流传给后世的东西还有很多很多，通过文学、语言、音乐、电影，我们所看到的一切、听到的一切、感受到的一切，愤怒、喜悦、悲伤，都是我们可以传达给后世的东西，这就是我们生存的目的。我们必须将这把火炬传递下去，让我们的后代可以照着它的光，阅读这一页凌乱而令人感伤的历史。”而对男孩来说，游戏就是这些复杂情感最特殊的载体，“是完成这些复杂传承的魔法”。

但能像洪韵这样从游戏中找到现实使命感的男孩并不多。游戏中的确包含很多男孩成长中需要体验的情感，但相比现实世界，虚拟世界中的情感体验来得相对容易，太过于随心所欲，让很多男孩因此沦陷在自己天性的快速满足中，而不愿意再抬头面对现实的世界。中国青少年研究中心副主任孙云晓说，根据他们做过的调查，患网瘾的孩子中，男孩与女孩的比例是 10 ∶ 1。

男孩的自然保护区

唐海岩把电子游戏称为“毒害男孩的毒药”——在救赎男孩的同时，产生新的更严重的成长问题。他认为运动才是男孩成长最恰当的方式，并为此办了一个俱乐部，专门做男孩教育。作为曾经的美式橄榄球教练，唐海岩带领的队伍曾获得过北京市冠军和两次全国冠军。

除了做教练，唐海岩还曾是北京一所中学的老师，担任一个

“问题班”的班主任。这个班级里大多数是男生，他们表现出各式各样“问题男孩”的“症状”。“有的有自杀倾向，有的有暴力倾向，有的非常虚伪。这些虚伪的男孩在老师在的时候很殷勤地扫地、擦桌子，表现得非常勤快，老师不在的时候却完全是另一个样子。”

这个问题班或许是唐海岩后来建立男孩教育俱乐部的一个精神基础，他发现已经进入青春期的男孩出现行为问题，大多在幼年期就已经种下了问题的“种子”。他虽然尽了很大力量希望能纠正这些孩子的行为，将他们引到一个向上的人生轨道，但也遗憾地发现，很多在幼年期犯下的教育错误是很难在青春期弥补的。

2004 年和 2007 年，唐海岩两次带领团队去参加国际比赛。在加拿大温哥华市参加比赛期间，他对男孩成长有了更深的感触。“我发现外国男孩子的自理能力很强，根本不需要教练在一旁叮嘱自己就做好了赛前准备，而且很坚强，骨折、身上带伤都不是什么事儿。”2006 年，他作为中国的三个教练之一，前往美国橄榄球大联盟观摩。这次行程持续了 14 天，他记得最震撼自己的是 6 岁左右的外国男孩，在训练中表现出的勇敢无畏的“野生劲头”。他认为橄榄球是很好的帮助男孩成长的工具。这次观摩结束回国后，唐海岩萌生了在男孩中普及橄榄球的念头。2014年，他建立了自己的装备橄榄球队。

这个装备橄榄球队只是唐海岩男孩教育计划的一个分支。在他的男孩教育俱乐部里，还有腰旗橄榄球队、户外训练营、寒暑假的男子汉训练营。唐海岩把自己的俱乐部称为“男孩的自然保护区”——既不是圈养的动物园，也不是一个纯粹野生的环境。这里接纳男孩的天性，设计了很多男孩子喜欢的户外挑战项目和以身体对抗为主的橄榄球训练。“让他们觉得自己行”，但同时又要教给他们必要的规则，唐海岩将此称为对男孩天性的“半野生驯化”。

队长是“半野生驯化”中最重要的角色。“我的诀窍是培养队长，先带出一个队长。”唐海岩说。队长负责带领队员完成任务，也会在必要的时候用男性特有的粗暴方式惩罚破坏规矩的队员。唐海岩认为这是男孩成长中的“大自然法则”：如果你不懂规则，那就需要被训诫，带点暴力的教训是在帮你懂得规则。如果你是因为不够强大而在群体中受到压制或者感觉到“受欺负”，那么要做的就是尽快让自己变得强大起来。

唐海岩的成长中有两次令他印象最为深刻的记忆，这两次记忆让他坚定地相信，男孩的成长中既需要理解，也需要严厉的规训。“一次是上初中时，有一年我开始走下坡路，不想上学，沉迷于打游戏。”唐海岩把这段时间称为自己的一个“堕落期”。直到有一天，父亲从老师那里知道了他的近况。“父亲问我‘这是不是真的’。我说‘是真的，我不想上学了’。父亲给了我一个大耳光。”唐海岩说自己的第一次“堕落”因为父亲的这记耳光戛然而止，“这记耳光打醒了我，第二天我乖乖背着书包上学去了”。

第二次的经历也跟父亲的“暴力”相关。“男孩子最怕的是唠叨，这是一种来自母亲的暴力。”唐海岩记得，有一次因为对母亲的唠叨不满，他冲回自己房间，狠狠摔上房门，巨大的震动力震坏了房间窗户的玻璃。“这一次父亲把我从房间里抓出来，打翻在地上，用脚狠狠地踢。”唐海岩多年后回忆起这两次颇有暴力意味的父亲训诫，却满怀赞许和感激。“就像是当头棒喝一样，我被打怕了，也让我没有继续堕落下去。我明白了，男孩成长是不能没有畏惧的。”

在唐海岩看来，父亲是这种畏惧最合适的提供者。“他平时对我的行为很宽容，也不多说什么。”在长时间沉默的宽容下，这种“暴力”的暴发，才对一个男孩的心理有如此强大的震撼力。唐海岩在自己俱乐部应用的队长训诫模式，就是利用父性精神对男孩天性的管教和回应：“当男孩是天使时，我们就是天神。当男孩是魔鬼时，我们就是钟馗。”

父性的缺失和弥补

日本教育家河合隼雄的著作里曾专门论述过男孩成长中需要的“父性精神”。“无论你有什么不好，都是我的孩子”，“胡作非为也不要紧，你永远是我最喜欢的孩子”——这是母性原理，其根本功能是“包容”与“守护”。而父性，其根本功能是“断绝”与“分割”。父亲要足够严厉。极端地说，父亲就是要有如果不听话，就算是我儿子也照“杀”不误的态度。

儿童沙盘游戏治疗师单文说，如果一个男孩3~6岁时父亲多参与养育，这个孩子成长的方向感和对规则的认同都要好一些，这也是帮助男孩子进入社会最重要的一种素质。“接受足够的父性管教，有更多的规则意识的男孩，进入社会时可以很快找到社会规则。反之，男孩的安全感会受到影响，因为当进入一个家庭以外的社会环境时，他不知道怎么做才是对的，所以不知如何才能很自如地在一个陌生的环境中待下去。”“男孩的特性和精力决定了他需要更大的空间。他是在社会的正常要求和自己天性的不断碰撞中，寻找到属于自己的空间。但无论如何，社会规则与个性之间都是有区别的，父性能帮助他建立起规则感，这是保护他少受到情感伤害的弹性屏障。”

所以，我们在苦恼、困惑于男孩成长中看起来无解的社会环境问题时，家庭教育提供了另一条路径。中国青少年研究中心副主任孙云晓认为，如果算上所有的节假日，男孩在家庭中待的时间超过在学校的时间，因此家庭教育的作用弥足珍贵。亲人对孩子天性的认可、理解，可以让孩子从外部世界的挫败感中获得安慰。而父性角色可以帮助孩子在家庭中建立良好的规则感，这是他进入社会最好的情感资源。

在传统的社会里，孩子的养育是由一个家族来完成的。如果回顾家庭的久远过去，就会注意到不论祖先是源自维京、日耳曼、非洲、罗马、东印度、日本还是中国，在所有地方，不分种族，人类祖先都曾依赖大家族族群，他们与孩子的关系密切，并向孩子传授生活与工作的技术与价值观。

无论居住在何地，祖先们都要依靠其父母、女家长、部族中的男族长等自认为对男孩学习负有最终责任的教育小组。在孩子3~5岁的幼儿阶段，男孩教育中很少出现陌生人，因为孩子被视为父母、祖父母和部族的延续，他的教育是血亲关系的延续。在这样的家族喂养体系中，即便父亲缺位，家族中依然有父性精神存在，这足以给男孩成长所必需的方向感和规则感。

进入工业社会后，父亲陪伴孩子的时间实际上相比传统社会有明显增加，但孩子成长环境中的父性却在减少。这一方面是由于大家族养育的生物人类学模式，已经被工业革命的社会潮流冲垮。随着都市化进程的加快，大家族和共同体已经消亡，家庭小型化成为主流，能够多方位实践“父性”精神的角色在减少。

另一方面则是由于在现代文明的规范下，父亲训诫孩子的方式，在现代文明中常常受到“暴力”的指责。这让小家庭中的喂养方式，更多被母性原理所统治。河合隼雄曾提到，在现代小家庭的养育中，一个最常见的问题是“对孩子的养育很容易就陷入封闭的母子关系中”。唐海岩将此称为“母亲剥夺了父亲养育孩子的权利”。

如何弥补男孩成长中重要但又不足的“父性精神”，迈克尔·古里德提出了重拾并更新家长领导小组的建议，小组成员由父母、祖父母、亲戚、朋友、教练等一系列更为宽广的人际网络组成："我们不可能再回到祖辈们小部族式的成长教育时代，我们的孩子也的确需要最好的工业化教育模式，但这要求他们可以在一个更开放的环境中习得'父性'的角色。而且无论他们面临何种危机，被其挫败的概率都显著降低。因为他们现在拥有 10 个左右值得信赖，能够在学校体系之外帮助他们的人。"

男幼师的期待与守护

邱杨

寂寞童年

结束了一天的幼儿园工作，康迪拖着疲倦的脚步回到家里。

眼前这个年轻男人，符合人们对男幼师形象的惯常想象：个子不高却皮肤白皙，圆圆的娃娃脸让人猜不出年纪，温柔亲和的音色里还带着几分未泯的童音。

在淘乐思幼儿园工作了7年的他，刚刚晋升为园长助理，同时还兼任大班的带班老师。这天上午是幼儿园的“跳蚤市场”，孩子们带来家里的玩具和图书，在“市场”上售卖或交换。

北京4月的阳光已有些炽烈，却丝毫不影响孩子们“做生意”的高涨热情。作为园里为数不多的男幼师，康迪细心地照看着每一个孩子的情绪，或击掌鼓励或拥抱安慰，时不时还贴心地提醒孩子们别忘了喝水解乏，而孩子们也总爱亲昵地围着他。

下班回到家里，康迪却发现只有父亲独自在家，这让他感到有些不知所措。孩子眼中阳光健谈的“康哥哥”在面对自己的父亲时，却像是换了一个人，变得笨拙沉默起来，白天和孩子们相处时那些温柔灵巧的字眼此刻却怎么也说不出口，舌头仿佛瞬间被冻僵了。康迪无奈地一笑，张了张嘴想和父亲聊聊家常，最终却只憋出简单的五个字：“爸，我回来了。”

这样的父子相处模式，康迪早已习惯。被姥姥、姥爷带大的他，在童年阶段与父亲的沟通几乎为零。康迪的父亲是北京造纸四厂的工人，在他的记忆中父亲总是很忙，一周只有两三天是白班，其余都是通宵夜班，能见到父亲的次数其实很少。好不容易等到休息时，父亲又总是在家补觉，几乎从来没有带自己出去玩过，这让年幼的康迪常常羡慕别人的父亲。

“有时候我姨父带孩子出去玩，看我可怜也想带上我，跟我说‘姨父带你不是一样吗’？”可康迪偏不，执拗地坚持，“我就想让我爸陪我。”他心里涌起的失落感，就像填不满的深井。

他仍然牢牢记得儿时最渴望父亲在身边的那个时刻。小学五年级上体育课时，康迪不小心摔骨折，母亲第一时间赶去医院，父亲却因为上白班，一时半会儿来不了。“我就一直问我妈，爸爸为什么没来，那一刻真的很渴望爸爸在身边。”

康迪自己也说不清为什么在那个时刻，会对父亲如此依赖。等到父亲终于请假赶到医院，看到父亲眼里的心疼和焦急，康迪却怎么也不会向父亲撒娇，只会很懂事地说：“爸爸，我没事。”父亲一听，眼泪却掉了下来。

直到现在，康迪和父亲的沟通每天最多也不超过五句话。“尽管我爸心里很疼我，我也常在节假日给他买礼物，但就是无话可说。”去年父亲生病住院，康迪请了半个月假照顾父亲，在朝夕相对中，才慢慢感觉和父亲的距离近了。“父子俩好像从来没有这么亲近过，我心里其实挺遗憾的。”

可等父亲出院后，父子关系却又回到原地，尽管成为幼师的康迪已经能慢慢理解父亲的沉默。“父亲出生在军人家庭，他的童年就很少有爷爷的陪伴，而爷爷更是在父亲上初中时就去世了。所以等到自己有了儿子，他以为有物质保障就足够了，根本没意识到男孩的成长需要父亲的精神陪伴。”

父教的缺失，终归对康迪的成长产生了不可逆的影响。“我从小就很会调节自己，爸爸不带我出去玩，当时确实会很难过，但总要找点其他事做以寻求安慰，比如看书、画画。”跟其他同龄男孩比起来，康迪显得早熟懂事，性格乖巧安静，甚至从未和小伙伴们打过架。现在的他也比较宅，周末常在家待着，不怎么热衷运动。

在康迪看来，父教缺失对自己的影响不光是性格上的，还包括自信心的建立。“从小父亲极少给我鼓励让我自己做主，导致我长大后也缺乏判断力，做事多少有些没主见。”

除了父教缺失的遗憾，童年的康迪还生活在学校女老师们编织的压力网中。他遇到的男老师极其有限，掰着手指数也没几个。在他的幼时印象中，女老师总是啰啰唆唆，管理严格要求死板，“成天不许你干这个，不许你干那个”。

小学数学老师对康迪的打击更是“毁灭性”的。“她总说我笨，叫我去做智力筛查，看看脑子有没有问题，甚至当着全班同学的面，指责我是绣花枕头中看不中用。”这是难以磨灭的童年阴影，从此康迪就对数学起了逆反心理，甚至“看见就烦”。现在的他也会给孩子们上数学课，也明白教数学确实费脑筋，但他总时刻警醒自己，千万不要说伤害孩子的话。

在沉闷压抑的学校生活里，男体育老师的出现像一道光，重新点亮了康迪眼里日渐黯淡的小火苗。“他让我们自由地发展，总是鼓励我们尝试和挑战。”跑 400 米对于不爱运动的康迪来说是很大的难题，但体育老师一直鼓励他，甚至陪着他在 100 米的环形跑道上跑完了 4 圈。冲刺撞线那一刻，康迪仿佛感受到了久违的父爱般的温暖，尽管这位体育老师才刚刚大学毕业，还很年轻，却不妨碍他成为学校里男孩们的“爸爸”偶像。

男幼师的“魔法”

长大后，当康迪也成为一名老师，守护孩子眼中纯真的小火苗就成了他心中坚守的信念。事实上，他也是机缘巧合才走入幼师行列的。由于小学数学老师给他造成的巨大阴影，数学一直是康迪的噩梦，中考时他数学才考了 40 分。眼看着上不了好高中，母亲便建议康迪去技校学个一技之长。

直到技校招生时，他才知道原来还有幼教专业，喜欢孩子的他一下子就相中了。更重要的是，他心里还暗藏着一个朴素的心愿：不要让自己小时候的阴影再发生在孩子们身上。但对于男性来说，幼师并不是一个体面的常规选择。康迪心里不是没有犹豫和纠结：会不会被人笑话？“人们的传统观念认为，幼师就是哄孩子的，没什么出息，更何况是男孩去学幼师？常被人指指点点，嘲笑说只有没本事的人才去学这个专业。”

更有甚者，彼时的社会舆论传出不少关于男幼师的负面新闻，诸如越来越女性化、不好找对象等传言甚嚣尘上。但母亲极为开明地鼓励了康迪，让他勇敢地迈出了这一步，成为那届幼师专业里硕果仅存的男老师。

但要消除人们长久以来对男幼师的质疑并不容易，当康迪2006年中专毕业进入一家私营幼儿园实习时，家长们对他的到来，或多或少心存疑虑。这其中甚至包括幼儿园的老板，一位并不理解男幼教价值的老太太。“我这个人说话比较直接，看到不好的就会直说，却得罪了老板。”

仅仅带完一届大班，康迪就被调去小班做保育工作，按照惯例，这是上了年纪的阿姨们干的活。伤到自尊的他愤而离开幼教行业，去商场当起了导购。尽管刚去几天康迪的销售业绩就是最好的，他却发现这并不是自己想要的，最终还是回到了幼教行业。直到康迪来到现在这家幼儿园，才算是找到了用武之地。

家长们很快发现，康迪对孩子的一句鼓励，甚至比女幼师的十句鼓励都管用。“对于孩子来说，上幼儿园通常是他们面临的第一次分离焦虑。从熟悉的家庭环境到陌生的幼儿园，在对新环境的安全感没有建立之前，他们自然而然会紧张和焦虑。”在康迪看来，很多孩子都是缺乏安全感的。“在家里，爸爸的形象通常是威严的，这让孩子形成了对男性更有依赖感的潜意识，当他们来到幼儿园里，潜意识里同样觉得对男老师更有依赖感。”

这种依赖感进而表现为威信和分量，对男孩的影响尤为明显。“我们班的男孩跟我之间的关系既像朋友又像哥们儿，他们对我的感情是既怕又喜欢。”男性的行为方式是粗线条的，有明确的边界规则意识，而在边界框架内却不拘小节，这使得孩子们从男幼师那里获得了截然不同的体验。

“男孩们总喜欢我带他们玩些‘刺激性’的游戏，跑跳、攀爬、钻洞，冬天打雪仗、夏天打水仗，不同的挑战让他们备感新鲜，体力的消耗让他们生机勃勃。”在康迪看来，这是雄性生物成长的必经阶段。“而女老师玩的游戏偏安静，好奇心强烈的男孩往往不乐意玩。”

“很多男孩现在出现的问题，很可能也是我小时候同样面对过的问题。”相似的男性视角，让康迪对男孩特有的行为更宽容，也更有应对“招儿”。“男孩的发育比女孩相对滞后一些，相应的肢体上的表达会更多，老师不要过多地压抑他们，而要在保证安全的情况下，给男孩空间去释放能量，让他们学会健康地表达情绪。当男孩们发生肢体上的矛盾，要引导他们用男人的方式去解决，男人的方式不是武力而是沟通。”

在康迪的“调教”下，班里的孩子们变得更加活跃开朗，也更会关心人。“有时候我生病了两三天没来幼儿园，孩子们还会打电话问候：‘康哥哥你怎么了，我们好想你呀。’”每当这时，康迪心里总有说不出的欣慰。

在康迪看来，男幼教之于男孩的神奇能量源自男孩对父教的需求。“这种需求是天然的本能。”自己的成长经历让他深刻地明白，在男孩的成长过程中原生家庭的能量有多强大，父亲的影响有多深远。“当孩子和父母在一起，孩子的眼里是有光的，那是一种发自本能的自豪感。”

在现实境况中，越来越多的父亲以“忙”的名义缺位孩子的成长，男幼教的存在或许就是对父教缺失的补充与修正。“幼儿阶段男孩的性别意识已经很强烈了，他需要一个男性榜样作为成长的参照，当父亲常常缺位时，男老师就显得尤其重要。”

重构“环境”平衡

“你们这儿有没有男幼师？”“能不能多招一些男幼师？”记不清从什么时候开始，吴大龙就常常被这样的呼声包围。“这通常是来自男孩母亲们的声音，妈妈们直接接触自家男孩，对女性教养男孩的局限性有着最切身的体会。”在幼教行业浸泡多年的吴大龙，目前正在经营一家社区幼儿园。眼下他正在为寻找男幼教的事发愁。“要知道男幼教本就少见，何况优秀者就更难物色了。”

走进吴大龙的蒙德儿童之家，如同闯入了孩子们的小世界。在这座由三室一厅改造而成的蒙台梭利幼儿园里，孩子才是这里的主人，他们用明亮的眼睛直视陌生的“闯入者”，毫不胆怯地问：“你是谁呀？你来这里做什么？”一个英文名叫詹姆士的3岁小男孩丝毫没受“闯入者”的影响，而是专注地玩着手里的教具。哪怕其他小朋友已经跟着外教老师上课交流起来，同处一个房间的他也丝毫未受影响。一旁的吴大龙并不打断，任由詹姆士专注地做自己的事。吴大龙很清楚：“孩子已经有专注力了，成人不能用任何简单粗暴的方式打断他对世界的专注探索。”

吴大龙做社区幼儿园的动力源自两岁的女儿。在此之前，他从事幼儿英语教学已有 20 多年。“在北京这么大的城市里，优质幼儿园分布不均，绝对数量又太少。”身边有太多朋友为了送孩子上幼儿园而“孟母三迁”，或每天早晚开一两个小时车接送孩子。“车里的密闭空间本身会造成情绪紧张，加之空气流通差，对孩子的身心并不好。”但这却是多数家长每天必须面对的现实问题。“很多孩子在上幼儿园后，眼睛里的小火苗逐渐从明亮变成灰暗。”吴大龙不希望自己的女儿也重蹈覆辙，基于父亲的这个朴素心愿，他开始在身边做起社区幼儿园的尝试，“希望把优质的教育资源放在每个家庭身边”。

尽管长相颇为粗犷，但东北汉子吴大龙却有着细腻柔软的内心，或许是跟孩子们待久了，他笑起来露出大白牙的样子，有着孩童般的纯真和喜悦。作为一名男幼师，同时又是一名父亲，他更懂得关照孩子的内心世界。“我曾跟世界五百强的一位外籍总裁交谈，发现他的中文发音方式非常女性化，他告诉我这是因为他的中文老师都是女性。”这件事给吴大龙敲响了警钟：“长期在女性环境里学习，对成人的影响都如此明显，更何况对孩子呢？”

“我对女性并没有偏见，”吴大龙强调，“但如果在 0~6 岁思维形成和身体发育的关键期里，长期让孩子生活在一个以女性为主导的环境里，孩子接触到的行为方式和思维模式都是女性化的，尤其对于男孩来说，这简直是灾难性的环境。”这让吴大龙感到心痛，他认为，孩子的健康成长需要平衡的环境，这样才不会让孩子产生因环境失衡而带来的一系列不安定的缺失感。“但现状是，无论是家庭环境还是幼儿园环境都难以达到平衡，这才日益凸显出男性存在的意义非同寻常。”

事实上，在吴大龙看来，男幼师的教学能力相较于女幼师并没有明显优势，但男幼师的存在却使幼儿的成长环境达到了微妙的平衡。“性别差异是天然存在的，比如男幼师的动作、语言、思维模式甚至发音方式，孩子从他们身上感受到的磁场就是不一样。”

每当吴大龙出现在幼儿园里，孩子们就自然而然被他吸引。但他强调，应该让真正具有男性特质的阳刚男性来当幼教。“男性特质越强，孩子反而越愿意接近。”幼儿阶段是自我认知的萌发形成阶段，男幼师的存在不仅仅是对父教缺失的补充，更重要的是，为男孩的成长提供除父亲外的更多男性样本。

尽管越来越多的家长已经意识到男幼师的价值，吴大龙也曾打算多请几位男幼师带班，但部分家长还是有对安全的顾虑，不得已只能作罢。但即便如此，仍然不断有家长对男幼师的强烈呼声传到吴大龙的耳朵里，两种不同的声音彼此胶着。吴大龙在耐心等待一个时机，他说："只有当人们对幼儿园教育的重要性形成共识，只有当社会给男幼师这个职业以更多的尊重和保障，才能吸引更多的优秀男性加入这个行业。"

康迪一直觉得自己幸运，男幼师的路并不容易走，工作 10 年的他已经带出了 160 多名"毕业生"，最大的孩子今年都上初二了，甚至越来越多的家长专门把孩子送到他带的班级里。在很长一段时间里，他都是幼儿园里唯一的男老师，直到去年，男老师的比例才开始悄然增长起来，园里甚至打算未来逐步给每个大班配备一名男幼师。

打通世界的男孩

付晓英

如果说洪韵通过游戏找到了对抗现实世界的魔法，那么邢宸铭则借助游戏打开了通往现实世界的大门。只是，现实并不总是那么美好。

对抗现实世界

约好的采访时间是上午 10 点半，刚过 10 点，我就收到了洪韵的微信，说他已经到了咖啡馆。等我急匆匆地赶到，已经过了约定的时间。我放好东西坐到他对面，突然不知道要说什么。两个人面面相觑，连寒暄都没有。

见面之前，我跟洪韵有过微信沟通，知道他在一家航空公司下属的文化企业做董事长秘书，考虑到职业属性，我原以为他的性格会是开朗外向又圆融的，没想到却这么腼腆羞涩。在游戏玩家的圈子里，洪韵小有名气，他玩过国内外大量游戏，近几年还发表过一系列论述游戏的文章，被很多玩家关注和推崇，甚至还有人专门在知乎网上提问“洪韵是谁”。

不久前，他刚受邀做完一场以“游戏为什么重要”为主题的演讲，梳理了对自己产生过重大影响的游戏，讲述了自己对于游戏的理解与感知，我们的话题便从这里开始。

“我做讲演其实只有一个目的，就是把我的世界讲给台下我的父母和姐姐听，让他们能够稍微理解一下真正的我到底在想些什么、吸收些什么。”洪韵说。他的语气平静和缓，但背后曾发生的故事和矛盾却有着令人意想不到的激烈。洪韵是北京人，初中高中上的都是东城区的重点学校。

2002 年，他以全校理科第二的成绩考入北京邮电大学通信工程系，那是当时方兴未艾的热门专业，前景很好，何况家里还有亲戚就在行业里工作，父母甚至连他以后的出路都已经规划好——顺利毕业，然后到通信公司或科技企业就职。

可事与愿违，大学的学习环境和生活环境都变得松弛，他前几年为了高考紧绷的那口气儿很快就松懈了。更糟糕的是，他发现自己对那些技术性的东西没有任何兴趣。“我身边同学都很出色，跟大家一比，我其实没什么优势，学习上又完全不努力。很长一段时间，我根本不去上课，每天就在宿舍里玩各种各样的游戏，一方面是对不同类型的游戏感到好奇，另一方面也算是逃避现实。”

他的功课当然毫无疑问地落下一大截。到大三时，他被迫留级，可依然是混日子的状态。“我心里其实知道这样玩游戏不行，但还是不愿意去学，还是想逃避。”他说。留级一年，情况也没有任何好转，最后他只好从学校退学，准备重新高考。

对于一个从小一帆风顺、被视为榜样的优秀孩子来说，这想必是一场重大挫折，要承受难以言说的压力。那段艰难的时光，洪韵轻描淡写就叙述完，但稍有常识，便可以想象家庭内部会产生怎样的震怒。

电子游戏理所当然地被视作导致他“堕落”的罪魁祸首，成为冲突和矛盾的核心，而这恰恰也符合主流舆论的描述，原本优秀的学生沉迷于电子游戏不能自拔，进而顺理成章地得出“游戏害人”的结论。

但洪韵的想法迥异。“那段时间即使我不玩游戏，也会去干别的事情。”他对电子游戏的态度非常积极正面，对父母仇视游戏的行为感到无可奈何，“他们认为游戏里都是妖魔鬼怪，而妖魔鬼怪就是让人不学好、沉迷。他们看到我玩游戏就皱眉，玩久一点就一定会念叨，从精神层面给我施加压力，我偷偷收藏的正版游戏盘也会被翻出来扔掉。他们对游戏充满僵硬的偏见和歧视，我无法把自己喜欢的东西分享给他们，这让人非常沮丧。”

回忆起这些，洪韵表现出了罕见的激动情绪，即使那段时光已经过去 10 年。“我只是想玩自己真正觉得好的东西，结果却被逼得像做贼一样，这跟迫害没什么两样。”在洪韵的描述里，很多时刻，电子游戏就像他用来抵御现实的魔法，甚至让他免于崩溃。

我有点愕然，既难以理解他对电子游戏的情感，又很好奇电子游戏在他的成长过程中究竟扮演了怎样的角色。我们希望通过回溯童年来寻找答案，却发现在他仅存的童年回忆里，大多数都是不太愉快的黑暗时刻。

由于父母工作忙碌，洪韵从小就被送到奶奶家抚育，但他并没有从奶奶那里得到足够多的照料与关注。“奶奶在居委会工作，每天也特别忙。我记得幼儿园放学后很晚都没有人来接我，平时也经常被一个人锁在家里，几乎没有机会跟其他小孩一起玩。我的想象力又极为发达，脑子里永远有鬼怪出没，独自在家总是会很害怕。”他也为自己的处境跟奶奶哭闹撒娇过，“但没什么用，也就不再去哭闹索取了”。

读故事书成为他对抗恐惧、转移注意力的方法，无论是《水浒传》还是《杨家将》，家里只要能找到的书都被他翻了个遍。“一个不到 10 岁的小孩躺在大躺椅上，抱着一本《水浒传》啃，那就是我的童年。书里的英雄好汉进驻了脑海，妖魔鬼怪便被挤压得不见踪影，现实世界的孤独也就不再可怕了。”洪韵说。

在形单影只的童年，故事带给他极大的满足，让他可以在其中快意恩仇。“我很向往故事中的情感，也能在故事中得到一些满足，觉得这个世界还是挺好的，我的情感也有依托、有价值。”

10 岁后，洪韵被接到父母身边，但他对父母没有太多概念。“以前在奶奶家住，母亲会定期来看我。但对我来说，她其实相当于偶尔出现的陌生人，每次到来还会给我找很多麻烦，比如要求我洗得干干净净，交代完这些就走了。”

回到父母身边，这种隔阂依然没有消散。父亲仍然很忙，母亲在生活细节上的过多管教也让他备感束缚，规矩变得越来越多，但沟通和交流却很少，家庭内部的情感通道依然没有建立起来。

“我觉得自己是被强行带离奶奶家的，在心里一直不把父母的家当成家，认为自己只是家中的客人。当时看《神雕侠侣》，杨过第一次被郭靖和黄蓉接到桃花岛，大家都欺负他，他受不了就反击了，郭靖和黄蓉训斥了他，他就跑去投海了。这段把我直接看哭了，觉得自己就是杨过，父母就是郭靖、黄蓉。因为我们的情况是很像的，杨过的母亲死了，他被带到一个完全陌生的地方。对我来说，从前自由自在没人管的生活状态也没有了，每天都被要求做各种事情，还要特别认真地学习，内心其实非常压抑。”洪韵说。

这种内心的暗涌和疏离父母从未察觉过，他不知道怎么表达，书籍和漫画里的故事承载了他的部分情感，而游戏的出现则直接为他打开了一个全新的世界。当时他还在上小学，似乎还在上小学，在某次家庭聚会上第一次接触到名为《金庸群侠传》的电子游戏，游戏里新鲜的东西层出不穷，那个奇妙的世界一下子吸引了他，让他感受到冒险的快乐，生活似乎也变得充满色彩。

“游戏里的故事与读书、看电影的体验不同。它会借助文字、图像、视频等手段来讲一个故事，讲故事的方式还会不断变化。

我在其中不是只能被动欣赏，而是能够主动参与进去推动故事发展，还会与故事中的人物形成密切的关系。这样一来，故事的意义对我就大得多了。”

现实世界里无法排解的苦闷情绪在游戏里找到出口，他在现实世界里的朋友不多，但可以在游戏中呼朋引伴，跟着英雄人物一起去冒险，感受如父如兄般的情意；他可以在游戏中扮演男主角，跟那些美好的人物建立亲密关系，体验少年的情窦初开，得到现实中不曾有的慰藉。“游戏建构的虚拟世界里的各种有趣而美好的东西，让我体验到了很多现实生活中缺乏的东西，甚至创造了一个可以让我躲在里面的美好世界。”

如今，按照世俗的眼光，洪韵早就不需要再躲进虚拟的美好世界。他重新考进大学，读了自己喜欢的专业，有了份不错的工作，甚至还找到了可以终生奋斗的目标。他觉得虽然现实世界看上去也美好，但童年时期建构起的虚拟世界依然坚不可摧。他沉浸其中，怡然自得。

他毫不讳言现实世界的无趣，直言自己的精神世界属于游戏，对现实世界仍然充满抵御和戒备。作为旁观者，我很难对此做出评判，却总是忍不住回想，当初的小男孩孤独地穿越了成长道路上外人不曾察觉的黑暗，虽然找到了游戏作为武器，但摸索的过程一定充满了心酸。

打开现实世界

“我三四岁就跟着父亲一起玩‘小霸王’游戏机了，当时的小孩从来没见过那么新鲜的玩意儿，大家都很喜欢，但是没有多么充分的理由，就是觉得好玩。”邢宸铭告诉我。在十二三岁之前，电子游戏是他生活里常规的娱乐方式，直到他初一时转学到寄宿制学校，对电子游戏的态度由纯粹的消遣变成了沉迷。

邢宸铭当时玩的是一款叫《魔域》的国产网游，他热衷于在游戏里“孵蛋”。只要在游戏里花了钱，就可以得到一只虚拟的“蛋”，等待一小时后孵出“宝宝”，如果运气好，孵出来的“宝宝”就可以卖掉换钱。他从每天 30 元的饭钱中省出 10 元投入到游戏里，等待阶段性的奖励。

实际上，孵出来的绝大部分“宝宝”并不能赚钱，但他还是像着魔了一样投入。“就跟买刮刮乐似的，哪怕刮中 5 元我也很高兴，而且没准儿哪天一下子刮出几百元来，马上就能回本了，这就是当时玩游戏的心态，但其实我玩得并不好。”他说。

以现在的眼光来看，这个游戏模式幼稚且无聊，但对当时的邢宸铭却有着莫名的吸引力。彼时，他正在遭遇人生中第一场成长危机，离开了熟悉的环境，转学到一所寄宿制学校，身边的同学基本上来自家乡廊坊周边的小县城，“家里开工厂的有钱小孩特别多，个个都挺横的”。而他刚到新环境，虽然身板骨架看上去比一般同学还要强壮些，但一个朋友都没有，性格又软弱内向，“经常挨欺负”。他不敢告诉老师，因为“有钱小孩的家长经常给老师送礼”。他担心老师不会为他“主持公道”，反而给他施加压力，日子就更不好过了。

家庭也不是诉说的渠道，他的父亲当时是一家啤酒公司的河北区业务代理，常年在外出差，母亲则是标准的“农村贤妇”，老实又隐忍。“不管是吃了苦还是吃了亏，她都不声张。我要是跟她说我的委屈，她首先想到的不是安慰我，而是让我自省。”邢宸铭叹了口气。

除了督促他学习，父亲和母亲跟他几乎没有过其他交流，更不会在心理上和精神上给予他任何引导，他的负面情绪无法纾解，只能积压在心里，而电子游戏则成为他寄托情感、排解苦闷的工具。

初一整整一年，他都沉浸在“孵蛋”的无聊游戏里，成绩下滑到班级倒数，依然没有一个朋友，性格变得越来越内向自卑，人际交往能力几乎“废了”，眼看着要坠入深渊，却发生了戏剧性的转折。“我当时刚上初二，学校里一直欺负我的人突然找到我，说自己‘魔兽世界’的公会里缺人，邀请我加入他的团一起作战。”邢宸铭说。

突如其来的邀请让他异常惊喜，于是毫不犹豫地放弃“孵蛋”游戏，跟着曾经欺负他的“团长”去“魔兽世界”里征战。“《魔兽世界》这个游戏要求的是团队作战，想要击败敌人，单枪匹马根本行不通，很多核心剧情的内容和玩法都要好多人一起来实现，因此游戏玩家很喜欢互相交流。”邢宸铭说。他也不例外，开始主动跟别人交流，一起玩得时间长了，彼此之间便成为朋友，包括很多欺负过他的人。

他的游戏技术出色，刚开始玩时遇到了两个新手玩家，结果三个人一起练到满级。“我当时才 12 岁，另外两个人一个 24 岁，一个 22 岁，比我现在的年纪都大。”他回忆说。他们直到现在都保持着联系，游戏里缔结的兄弟情谊也让邢宸铭着迷。“刚开始大家觉得是游戏庞大而细腻的剧情最吸引人，但玩进去以后才发现吸引人的永远是游戏里朋友的感情。一起扛过枪就相当于一起受过苦，一起受过苦感情自然就深。”他向我解释，虚拟世界里的交情就这样延续到了现实世界。

他整个人的状态也开始发生变化。“我的成绩进步很明显，初一的时候我是全班倒数，初二是中游水平，初三就变成中上游了，中考还考上了全市最好的高中。性格也不再窝窝囊囊了，以前别人欺负我，我都是容忍的态度。初三的时候，有一个人还欺负我，我终于敢还手了，一天打了他三次。可能现在看来很幼稚，但对于当时的我来说，能做出这样的举动已经算是个飞跃了。”

邢宸铭的语气里有掩饰不住的喜悦，以至于时隔多年，“还有种想在地上打滚的冲动”。坦白说，这样的转变让我非常诧异，讲到这里，他的故事像是一场来自电子游戏的救赎，让他能够正常进入现实世界。

只是，现实世界并不像想象的那样美好。曾经软弱内向的少年邢宸铭进入高中后认识了学校的“大哥”——他唯一一个不是因为游戏而结识的朋友，他开始跟着一起“混江湖”，抽烟、喝酒、逃课去网吧打游戏，“反正是彻底学不下去了”；游戏也不再是社交工具，而成为社交载体，“打游戏纯粹是为了陪朋友”。

邢宸铭最后当然没有考入好大学，但从他自己的角度来说，高中三年是他特别快乐的一段时光。可是，从一个听者的角度，或者我们想象的那些对游戏怀揣恐惧的家长的角度，这个故事的结尾，当然不是他们想要的。

电子游戏之于那些热爱它的男孩子，在这两个故事里，结局迥异。但是，我们要思考的并不是游戏本身，而是男孩子们选择游戏甚至沉溺其中的原因。为什么理解和尊重的获得，不是从家庭，而是从游戏里？

“85 后”男孩走进社会时

陈晓

这是一个不完全的调查样本，调查对象大都是“85 后”。这一代男生大部分都是在“家庭 + 学校”这种较简单的二元结构里成长起来的。在这个相对封闭的环境里，评价标准不是以性别做区分，而是以学业成绩为最重要的评判依据。他们在这个单一标准下享受了约 20 年的“男女平等”。但临近走入社会时，他们了解到了另一种截然相反的性别角色定位：社会对女性似乎少有要求，男生却要负担起所有的社会责任。

被消失的青春期

吴钢（化名）是一所名校文科院系的大四学生。临近毕业，身为班长的他经常要给同班同学发招聘短信，每条信息后面，都不忘加上“钢钢上，谢谢”。他的同学评价他“做事一丝不苟，性情温和，爱学习”，是传统教育体系下的好学生。

他从不逃课，到考试前，他的笔记甚至会被女同学拿去传抄。很多课程的小组作业，他都是组长，担当最繁重的任务并做到极致。同学评价由他主导做的网页、动画短片、电子杂志都“异常惊艳，好看得让人叹为观止”。可他在行为处事上又显得有些孩子气，比如他会问室友诸如“男生和女生在一起，需要注意哪些礼节”的问题，这是吴钢以往的成长经历里没有考虑过的问题。室友告诉他，走路的时候，应该男生走外面，女生走里面。

与绝大多数城市里的男孩一样，吴钢的成长经历几乎完全在家庭和学校里完成。他的第一个男性偶像是自己的父亲。他经常向同学转述一个有关他父亲的故事：“我爸爸原来是军人，修理飞机的机械师。有一次他把飞机飞到高空中，让发动机停 3 秒钟，让飞机自由下落，就在那 3 秒钟把飞机修理好了。他因此立了三等功，这在和平年代是很不容易的。”

在上初中之前，父亲对吴钢的要求都非常严格，“他的话基本上就像军令”。吴钢说自己小时候很调皮，“有一次做错事，我爸用笔在地上画了一个圈，让我在里面站着作为惩罚。我累了，说能不能拿个凳子坐。我爸说那你坐在凳子上就不能走，屁股不能离开凳子。我去玩的时候就拎着凳子走”。

在小学三年级之前，吴钢的成绩都只算中下等，但他很快被一种“胡萝卜＋大棒”的政策“驯服”了。“这个政策会打你一下，也会给你一些胡萝卜，会引导你顺应它。我强调三年级的时间点，是因为在小学三年级前，我的学习成绩是很差的，老师和父母都会给我一些压力和暗示，虽然都是一些老生常谈，但是我听进去了。我现在想，我个性中有这种因素——很爱我的家庭，很爱我爸妈，希望他们不要生气，不要伤心。因此到四五年级，我就开始努力学习，这时候‘胡萝卜’就来了嘛。父母会在邻居面前很自豪，老师也会夸我，大部分同学会给我羡慕的目光。特别对一个小孩子来说，小时候很希望别人夸自己。”

吴钢说他从此开始了解中国教育体系内的成长规则，温顺是这种体系的一个重要特质。“温顺的解释是，不管你内心多么狂野，表面上你还是要听老师的话。”吴钢说。这样做一个起码的好处是“关注度更高”。在吴钢就读的高中，“如果你够听老师的话，老师会给你开小灶，这对最后的考试结果会有好处。据我观察，能考上名校的男生，温顺的应该比较多。在高考这道门槛下，如果你不够温顺的话，分数不会太高。叛逆的人得高分的概率很小”。

从小学三年级之后，吴钢一直是个温顺的好学生。“高中开始我们就分班了，我一直都在零班。所谓零班，就是比尖子班等级还要高的班级。有时候也会听说普通班有人早恋，甚至怀孕，但我都觉得这些是很遥远的事情，跟我们的世界没什么关系。尖子班每个同学都是在学习学习学习。我转过一次学，目的就是把自己的学习搞得更好，考一所好大学。”

高二时，吴钢转学到离家两个多小时车程的地方，那里有当地教学质量最好的一所中学。“环境变化很大，这所学校的同学更淳朴，更不会想学业之外的事情。说得不好听些，他们就是在更机械地学习。整天唯一的目标就是学习。我去的时候，因为新学校和原来学校进度不一样，很多课程我听不懂，全班排名倒数第二。但我想能转学到这个学校很不容易，不能浪费父母的心血，每天就自习到晚上 11 点多。我给自己定的目标是考上复旦，当然最后结果远远超过了，我当时考到全省第十名，那一年上任何大学都没有问题。”

紧张的学习让吴钢从高三开始就吃不下饭，只能喝粥和妈妈炖的西洋参，以让自己不要太消瘦。“后来我得了胃出血。吃不下饭的感觉一直到高考结束。上了大学，直到大二大三，每年一到那时候我就有吃不下饭的感觉。那是一种精神压力。”但他仍然觉得高三是一段快乐的时光，“因为那时候大家的目的都很单纯，就为了考大学，同舟共济，众志成城，大家就像一家人。班主任每天晚上带我们跑步，唱班歌。体育课老师会把我们赶出去，每个人都要出去玩，教室里不能留一个人，留了他就会打人”。

他几乎还记得所有老师的特点：“我们零班的老师都很好，他们都有自己的教学办法，所以才能带零班。比如有一个地理老师，他有个巨大无比的肚子，我们私下里叫他‘胖子’。地理对文科生来说是非常难的，带有理科性质，但他经常能讲一些寓教于乐的段子，真的是深入浅出。他写字也很好，不用幻灯片，总是板书。他讲话声如洪钟，给人印象很深刻。他的肚子真的好大好大，有时他会带孩子来上课。他的孩子就一丁点大，他讲课的时候，孩子就睡在他肚子上。”

“英语老师也非常好。我原来英语不是很好，在她的带领下，提高很快。她讲课不像其他老师，就是让你背啊背啊，她会把解题要点列出一条两条，当时我觉得那种方法很有效。她把英语数学化了，把一个语法和解题方法，分解成几个步骤，一步一步就解出来了。她讲话超级快，信息量很大。还有我们的语文老师，他特别会评作文，把每个作文当范文来评。他觉得我们每个人的作文都有优点，就会打印出来，人手一份，会很仔细地评，这篇文章优点是什么，缺点是什么，每个人的都评，很细心的一个老师。我们班高考，一半以上作文都是满分。”

吴钢回忆过去，没有觉得有压抑或者痛苦的时候。“我经常自我解嘲，我是从杂志啊、书啊、别人的描绘中来体会青春期的。当时流行看《萌芽》，韩寒、郭敬明的小说我也看。书里描写的苦痛，很有张力，各种声嘶力竭被扯来扯去的感觉，我当时觉得好遥远，觉得那些都是虚构出来的吧。那时候，我在学习。我们是零班，大家成绩都非常好，竞争很激烈，所以大家都在拼命读书。我觉得现在都没有那样的感觉了，有同学说是我还没到青春期，我说我可能已经过了青春期，只是我的青春期很短暂，我都没有察觉。”

如果非要说遗憾的话，没有痛苦的生活似乎也让吴钢觉得失去了一点什么：“我现在回首以前，都想不起什么印象很深刻的事，连自己最喜欢的东西都没有了。到大学后，看到有才艺的同学，有的会古筝，有的会钢琴，而我什么特长都没有。”吴钢说他小时候非常喜欢画国画，曾经得过全省第二名，“最快乐的时光就是去学国画的日子。画画需要心很平静，我画画时总是先想象自己身临其境，在观看山水，置身那种场景，把自己所见之物画下来。但进入高二就基本荒废了。我曾经想考艺术院校，但被我妈妈否决了，她说学艺术没前途。在我家里，爸爸、妈妈说话还是永远正确的”。

吴钢说，他感觉自己就像一个球，没有棱角，可能可以滚很远都不会有擦痕，却没有在路面上留下痕迹。“不要说在社会上留下痕迹，就是为自己的家庭、为个人做一些印象深刻的事情，我都会担心没有这种可能性。”他说。

假环境和真环境间的断裂

刘帅是清华大学女生部部长，这曾经是清华女生为了在男生如云的工科院校保障自己权益而成立的部门，“比如当时女生打饭比较困难，可能是因为不排队。女生部就发动成立了女生食堂。后来食堂没了，可能打饭还困难，又开设了女生窗口”。一开始，这个部门的发起人和成员都是女生，大约到20世纪80年代就开始出现了男性部长。

现在，刘帅的服务对象已经不分男女。“比如女生节和男生节，虽然服务对象是女生或男生，但在操作层面上是全体同学的节日，面向全校同学做方方面面的事情。”刘帅说，“清华是个工科院校，男生比较多，女生在特定情况下，会被当成一个宝来保护。但在更多情况下，大家考虑问题时，不是把女生当作一个孤立的集体，而是把她当作一个普通的群体。比如说占座，我们班级每个寝室的男生都会有一个人为自己寝室占座。但不会帮女生。只要她们不提出来，我们就不会主动这样去做。这是一种习惯，没有把女生当一种特殊的群体来对待。”

在学校里，男女平等似乎是男生通行的一种观念。李斯文是中国人民大学新闻学院的一名学生，同学对他的评价是“有自己的想法和目标，不以大学的评价体系为重”。他现在在中央电视台财经频道实习，刚进入社会的第一步看起来也比较顺利，已经可以负责独立的岗位，并且得到领导的好评。

他仍然面临着学校和社会两种对男女不同定义的断裂感：

“我认为，男性和女性的区别，唯一有价值的就是生理上的，性格上没有那么明确的区别。女性要求与男性平等，男性也应该要和女性平等。但是你知道外面有一个这样的世界，它是按另一个规则在运行的——对女性是这样理解，对男性就是完全相反的理解。”

绝大多数一直在学校里长大的孩子，在即将进入社会时，都会发现自己传统成长环境里的性别观念，和校门外的世界差别很大——在即将承担的社会责任上，男女突然泾渭分明。

电视媒体是他们形成性别角色认知的一个重要渠道。李斯文说他中学时喜欢看的一部电视连续剧是《还珠格格》，“初中的时候看，觉得电视中的生活好像很无忧无虑，跟自己的生活不太一样。虽然我生活得也很快乐，但还是有学业压力。看《还珠格格》给我的感觉就是，里面的人没压力”。

现在回头再看当年这部红透中国的电视剧，里面还包含了对即将进入未知世界的价值指引。“你觉得，要是把格格这个角色换成一个阿哥，会有这样的电视剧出来吗？女性角色可以是无忧无虑、疯疯傻傻的状态，还可以被家长疼爱，做任何蠢事都有好的结果。那阿哥要怎么样呢？要在皇宫里争权夺位，要骑射，要会武艺、读经书。好像社会生来对女性赋予的评价体系就没有那么严格，所以会有女强人，但没有男强人的说法。出色的女性是很少数、很另类的。”

几乎是以同样的方式，吴钢也在大四的时候认识到了社会对男性角色要求的严格。刚进大学的时候，吴钢说自己就像个小孩子，并不认同所谓绅士风度的相处准则，觉得那些所谓对女生的照顾，其实是一种反歧视。“但其实现在慢慢要改变，我发现这个社会有种文化惯性，还是需要男性去照顾女性。电视剧，还有一些小说，包括平常同学之间的谈话，也会讨论一些现实问题。《蜗居》是比较有代表性的，真是太现实了。”

吴钢说自己并不怀疑电视剧中的社会万象多少有艺术夸张的成分，“我不会觉得《蜗居》是虚构的，就算有虚构的成分，我也觉得是八分真，两分假。因为一个很可怕的现实是，现在房价确实一天比一天高”。

电视剧提供的“真实”，冲破了大学男孩们的象牙塔。“我就不会觉得自己生活在童话里，开始感觉到真实的社会。”吴钢说很多同学对《蜗居》的评价都是很真实。自己看了会觉得无奈，“因为自己始终还是要面对，有女朋友的同学也会说起要拥有一套房子有多难，而这一切都要在男生肩上，总不能要女生来买房子吧？女生也有这种想法，毕业之后嫁人，要嫁有房有车的。很多人都抱有这种态度，我听到过一些，很多网友不也这样说吗？”

学校和社会对男性角色要求的断裂，让大学的男孩们有些措手不及，于是吴钢决定继续读研。“我还没想好自己做什么。我想去了解社会，第一时间接触这个社会，但我怕生存的问题。读研是一个缓兵之计，我还有两年的时间，要好好想想。”

做一个创业家

刘清鹏对外面的世界没有恐惧，也没有想象。他从高二开始就想进入社会，开创自己的事业。他现在是清华大学法学院的大四学生，但两年前就完成了自己的创业计划，现在的头衔是一家主营电动车加电站的企业总经理，公司已经开始赢利。刘清鹏说他走的这条创业路，“仍然是男性占据绝对优势，我至今碰到有创业想法的全是男性”。

刘清鹏出生在山东高密的一个农家，这是一个典型的北方农家。“什么事都是男主人说了算，女主人基本什么都不管，就是干活。父亲的权威感是天然的，这是传统。村里哪家是女主人主外的话，那男主人是很受鄙视的。”

与父亲传统的权威感形成对照的，是刘清鹏和父亲之间既亲密又疏离的关系。“我和父亲之间不是那种可以聊天的亲密关系，父子之间的交流比较少，很多时间就是大人训小孩那种。但是父子之间的情谊是不可言说的——孩子生病了，父亲把孩子送到医院，那种焦急是任何人都无法忽视的。这种东西不需要说。”

刘清鹏说他出生时是家里最困难的时候，“吃饭都要出去借。没有白面，都是用玉米面掺和起来的那种面做馒头，我们叫火烧。天天吃一种主食，没有任何菜”。这种生活记忆一直持续到刘清鹏四五岁，幼年时期经历的贫穷生活是他渴望财富最原始的动力。

另一个原因则和他从小跟随父母跑单帮的经历有关。刘清鹏说，从十一二岁开始，他在假期里就经常跟着父母去做生意。与城里孩子相比，农村小孩可能有更多接触学校外面的机会。“我们小时候一学年有三个假期，暑假、寒假和麦假。一到秋收的时候，小孩子集合起来，就到田野里去捡没有收割干净的东西，补贴家里吃不上的蔬菜、水果。那时候，大家都觉得很有趣。因为大家都那样，也不觉得是件丢人的事情。”

种地收入微薄，农闲时候刘清鹏的父母就去外面做点小生意，转手农产品的买卖。“我父亲为人处世很有一套哲学，一般农村人都显得比较木讷，不太会交流，而我父亲却比较会交流。因此和村里其他人比，他生意做得更好。我一直陪着父亲去做生意，进多少货，卖多少，我总会做比较。农村有一种集市，就是各家摆摊，每个摊都有自己的固定客户源。我父亲主要卖农产品，农产品分几个档次，父亲跟人交流得好，总能提到最好的货，因此很多人喜欢买他的东西，这点对我影响很大。”

刘清鹏喜欢与人交流，他的同班同学佟秀楠告诉我们，每次有事请他帮忙，他都会很开心地去做，让人感觉到他有喜欢和人交流的真诚。刘清鹏说自己“经常一到晚上就出去串门，到大学了之后就是串宿舍，那就像每天的功课一样，是必须要做的。每天不转一转，就像缺了点什么，晚上睡不踏实。我就属于特别需要与人交往的那种人，不然就觉得压抑”。

10岁之后，刘清鹏开始趁假期帮家里掌秤、记账。因为家乡高密经济状况不好，他经常跟着父母去青岛做生意，他说:

“那时候都是乘火车，我们做小生意的经常不买票，都是扒火车。那时候检票制度还没有现在这么严，我们不从火车站大门进，而是找个地方翻进去，然后跟着进车厢就行了。有一次碰到乘务员查票，我就躲到火车的座椅底下，乘务员过来，低头看了看我，就走了。我后来再也没钻过座椅，因为知道他不会抓我们。现在想想很有趣。至少在清华的同学，很少有我这种经历。”

受家庭和童年经历的影响，刘清鹏从高中就想创业，因此他不是传统意义上的好学生。“我经常在脑子里罗列学习和理想，这块是学习，那块是理想，两块是分割的。我想做的事情跟我在学校里做的事情，差距比较大，没有任何联系，所以感觉很压抑。我试过和老师沟通，甚至越过班主任，直接给校长写了封信，阐述我对教育的看法。虽然是很幼稚的想法，但我花了一个月时间思考，然后写出来，自己也觉得写得蛮好，但校长那边没什么反应，让我很沮丧，觉得自己做的没什么价值。”

刘清鹏不太在意衣着打扮，他最正式的装束就是西服，他说男生最重要的是事业责任感。为了和一个投资商见面，他准备了好几种自我介绍的方式，考虑的细节包括“怎么跟投资商握手，第一句话怎么说，第二句话怎么说”。

从开始创业以来，他已经见了数不清的投资商，现在刘清鹏一眼就能简单判断对方是什么类型的投资商。“他们的经历和喜好是可以通过面相反映的。比如进来的人是秃头，面相又比较严肃，这是个创业成功的实业型投资商，喜欢那种事业成功的人具备的特质——坚持，执着，要把自己的成功模式转化到你身上。面对这样的人，我必须要对他表现我的执着和坚持，告诉他我所从事的行业有很好的意义，我会非常坚定地做下去。还有一种是纯粹做金融起家的，他们是逐利型的。金融家表现得比较随和，特别善于交流，给人的第一印象是总是微笑，这类投资人要看你是不是对利益特别感兴趣。面对这种人，我的自我介绍就要有所调整，我首先要告诉他我的项目分几个盈利点，每个盈利点的大致时间和收益率。”

刘清鹏对自己的创业计划了如指掌，但是对生活细节却很糊涂。“我这个冬天丢了四五双手套，女孩子好像是从来不丢东西的。”女孩子是刘清鹏觉得“搞不懂”的一个群体，她们细心，听老师的话，各方面条件都很优秀，却对创业没兴趣，对争取更多的财富没兴趣。“我发现，虽然女孩子学业成绩常常优于男生，但面对未来的生存能力、综合能力，不如我们。我接触的很多女孩子，包括进入清华的，很多都把家庭放在重要位置，很少有事业责任感。女孩子的未来职业选择是推研、考研，还有出国，所以我觉得她们大部分都顺着这条路，安安稳稳地往前走，研究生毕业，找个好工作，嫁个好老公。”

刘清鹏甚至觉得女孩子有时候“很麻烦”。“我有个同学，之前对做事业很感兴趣，交女朋友后，天天被拉出去逛街，就知道两人世界。我有时候见他女朋友都想训两句：你不要把男人看得跟你一样，你有了男朋友可以什么都不想了，你男朋友有了你也能什么都不想吗？”

从乡村到城市的性别角色重建

小慈从小在安徽农村长大，当 16 岁考上中国人民大学时，他还没有离开过县城。他刚到北京最强烈的感受就是对陌生人的恐惧，这种恐惧感从大一开始就缠绕着小慈，一直到大四上学期才慢慢消失。如果要理解这种进入陌生世界的恐惧感，我们要从小慈的家乡说起。

“我的家乡在安徽农村，一眼望去基本看不到一栋楼房，都是田野、山林、丘陵。我在纯自然的环境里长大，本来心胸是很宽广的，可是5岁时的一个阴影，使我开始变得敏感了。当时我父母去地里干活，我一个人在马路边玩，来了一对不认识的夫妻，他们用吃的把我哄到一辆拖拉机上。后来我觉得不对劲，车开动的时候我直接跳了下来，摔进一个水坑里。我爬出来就往回跑。我们那里经常有拐卖小孩的事情发生，父母稍不注意孩子就丢了，而且都是男孩。从那之后，无论我走到哪里，父母都会看着我，有时候甚至用拴的方法。有一次我被锁在家里，想从里面钻出来，结果脑袋卡在门缝里，钻不出去也缩不回来，就悬在门上一个下午，一直到父母回来。”

与大多数同学不一样，小慈的家庭比较特别，他说：“我有一个哥哥、一个姐姐，他们大我8岁，现在都在外面打工。我姐姐小学毕业才十三四岁就出去了。我家在当地算生活条件比较差的。我到现在都不会骑自行车，小时候看着别人骑，但我没车学。我小学升初中那年，刚好我哥考大学，但家里的钱只够一个人的学费。我哥特别聪明，学习成绩比我好。他在上初中的时候，家里的很多电器、电路线都是他安装的，这些技术的东西他一学就会。但他把上学的机会让给我了，高考那天他去打游戏了，回来告诉我妈说，他忘记去考试了。我们家 3 个孩子都是我妈妈一手拉扯大的，我爸赌博、打牌、抽烟，地里有时候太忙他才会帮一下。家务我爸没干过，他和我在家，都是我烧饭给他吃。”

小慈对父亲的印象非常淡薄。“不亲近也不尊敬，我觉得就算是家里少了这一个人也没关系，我特别想回忆起那些他对我好的时刻，但我真的找不到。”小慈说爸爸能写一手漂亮的毛笔字，但从来不教他，“我的名字都是他写在纸上，然后我自己照着画出来的。”

父亲也是个不善沟通的人，“我有时候冲他吼，他从来没反应，也从没打过我。但他爱跟我妈吵，打牌输了回来，农忙也不做事。特别到过年的时候，他俩一吵就几个小时，非要分出个对错，吵得家里鸡犬不宁。小时候看他们一起回家，我马上就跑，他们一回家就吵架。反正田野很大，小时候家里还有两条狗，我就带着它们到田野里去遛”。

因为远离城市，小慈家乡的基本社会结构还是“男耕女织”，因此妈妈常常告诫他和哥哥，“我们家特殊，你爸爸不争气，要是你们长大了像他那样，我宁愿现在把你们打死”。小慈也认为父亲“软弱，不争气”。他心里有男人的标准：不能游手好闲，要做大事，而且还要专一。最后一点甚至是最重要的品质，“我们那里的传统是男女授受不亲，我妈说过，除非你决定娶她，不然就不要去招惹别人”。

带着这些传统农耕社会的价值标准，小慈考上了中国人民大学来到北京。刚到北京城他就蒙了，“觉得来到一个陌生的世界，脑子一片空白，好像活了两辈子，以前的经验完全没用了”。他不知道城里人的爱好是什么，共同的话题是什么，方向感很差的他经常迷路，也不认识路标。如果去问路，浓重的安徽口音是严重的沟通障碍，同寝室的同学几乎是在一个月之后才能听懂他说话。

小慈的爸爸在北京待了10个小时，给他买了一双拖鞋、一个水桶、一个洗脸盆，就回了安徽。小慈说自己当时陷入了一种巨大的恐惧感，这种恐惧感包括因为小时候差点被拐卖而导致的对陌生世界的不信任，更重要的是他缺乏与人沟通的能力。

“我从小就不爱跟人讲我心里的想法。小时候父母出门，我让他们给我带点吃的回来，但他们从来没带过，后来我再也不说了，知道说也没用。我差点被人拐卖那次，我都没有很明白地告诉家里人，是他们看见我身上湿透了问我，我才含糊地说了两句。我把恐惧都埋在心里。”

在离开家乡前，小慈身边都缺乏与人沟通的好榜样，父亲更是一个反面教材。“他自己和人沟通都有问题，除了和我妈吵，遇到外人都是低着头。他从安徽送我来北京，坐十几个小时火车，我们一路上都没说什么话。”

4 年前的小慈和自己将要独立生存的世界隔着深深的鸿沟，这种断裂感在短时间内摧毁了他传统的男性意识：“作为一个男人，你起码要有保护自己喜欢的人的能力。可进了大学，我发现女生都比我强，我还需要她们保护呢。”

小慈在家乡一直都是第一名，可进大学后，他和班上另外两名男生通常垫底。他说：“老师出的考题大多以记忆的内容为主，我不喜欢死记硬背，觉得自己看了那么多书，有那么多想法，可在考卷上却少有发挥的空间。”

丧失了学业优势，一半因为害羞，一半因为自卑，小慈几乎和所有女生都不来往。“我在她们面前连话都说不上。吃饭桌上，女生都嘻嘻哈哈，就我不敢说话。大一的时候，我基本上碰到认识的女生就躲。有一次我去明德楼，远远看到有一位认识的女同学从楼里出来，我就赶紧绕道，从学生活动中心那里绕到聚贤超市。”

班上同学对小慈的印象也是，“很特殊，他的一切都很特殊”。大一的时候，小慈给大家的印象就是拼命读书，“他经常会在寝室里宣布他的读书计划，比如有一次他说要在一周的时间里看完图书馆里所有有关新闻史的书。那是厚厚的3大本，但他确实做到了”。他的室友回忆说。

宿舍书架上，小慈的书占了满满两格，大多是一些军事类的。有时候室友早上起来，会看见他在背《孙子兵法》。他在校内网上的网名叫“韩信”，这是他的男性榜样之一：有谋略，会未雨绸缪。“他打仗都是有战略预备队的”，而且能做大事——这和他的另一个榜样曹操很相似：他也是一个有决断力，宁为天下人唾骂也要完成心中伟业的强人。小慈说自己的男性榜样都在书本里，现实中没有找到一个。当一个贫寒的乡村孩子要独自在陌生都市里完成自我成长时，书本中遥远的世界或许比现实更能给他希望和温暖。

从大二开始，同学们发现小慈的状态发生了一些变化，“大一的时候他就是拼命读书，大二他开始在校内网发一些无聊的状态”。这时候，小慈正面对着他人生中一个艰难的阶段。“哥哥要娶媳妇，家里要给他盖房子。妈妈问我需不需要钱，我说‘哥需要，你给他吧’。”

小慈说哥哥把上大学的机会让给他，所以他没什么怨言，但从此要开始自己筹集生活费，虽然有学校助学金、勤工俭学项目的支持，但对一个 17 岁的孩子来说，这仍然不是件轻松的事情。最困窘的时候是大二上学期，他卡里只剩 1000 元钱，但那时新的学期才开始不久。“我那时候就想，只要能收到一点点帮助就行了。但我不会对外界表达，人家并不清楚你的困境，很少有人会主动帮助你。”

小慈说，大一下学期到大二是他最压抑的一段日子，但“我没哭过，我觉得一个男人首先要坚强，不论什么东西压着你，都不该哭，哭是女人的表现。一放假，我就立刻回家，爬到山上大吼大叫，拿着石头在田野上扔，往远处扔，发泄到筋疲力尽”。

小慈说，从这个学期开始，他站在人群中再也不怕了，这是一个了不起的心理成长，身体变得强壮了是一个重要原因。“原来我身体非常单薄，遇到危险也不敢反抗。一次去合肥火车站，一群小偷追着我，我只有跑。现在，我至少不那么畏惧了。我这一年长胖很多，胖了三四十斤。刚进大学的时候，我连 100 斤都不到，简直就像个猴子。这一年，我对自己的饮食规划比较合理，有一段时间天天去校门外啃鸡腿，基本上就是疯狂地吃。我至少要让自己觉得浑身有力，在别人面前敢抬起头。”

现在，小慈在路上碰到班上的女同学和他打招呼，也很自然地举手回应。经历过一段男性自尊从摧毁到重建的过程，他对女性的认识也有了些许改变。说起自己要找的女朋友类型，他说“像《喜羊羊和灰太狼》里红太狼那样的女孩，我肯定会接受。也不知道为什么，我突然有一种想被人管的感觉。20 多年，我好像从来没被人管过。如果再不找个人管我的话，我估计自己以后会越走越偏”。

寻找上海男孩

马戎戎

不少人质疑“拯救男孩”的命题，认为这是一个伪命题。依据是目前各行各业的领导岗位依然是以男性为主，女性并没有想象中那样强势。然而孙云晓说，现在这个现象是 30 年前教育的结果，那时的孩子们受的束缚相对少，现在的教育方式的后果会在 30 年后体现。

男孩不好养

高一学生方舟算代表吗？方舟穿着高中校服跑过来的时候，步子还一踢一踢的，额头前留着寸许长的刘海，可以想象，拿吹风机吹起来，会是一个很时髦的“型秀”“快男”式的发型。初中时期的老师胡象丽爱怜地摸摸这个个子已经超过了 1.77 米的学生的头发说：“方舟又换发型了啊？”

方舟不好意思地低下头说："没有。"方舟校服内白衬衣的领子笔挺洁白，不亚于写字楼的任何一个白领。他把背包放在一旁，却露出了左手腕上的一串白水晶串珠。胡老师当着本刊记者的面问他："这是什么？"方舟说："奶奶给的，保平安的。"

两年前还在浦东金杨中学读初中的方舟，给胡老师留下的印象非常深刻。

"那时候他喜欢'型秀'中的师洋，他能把师洋版的《舞娘》全部跳下来。"胡老师说，"还有一次，学校举行时装表演，他在衣服上打了很多洞，表演时就穿着那些打洞的衣服。"

按照方舟自己的说法，那是他的"青春叛逆期"——家里只有他一个男孩，做什么家里都要过问。到目前为止，在没有父母陪伴下"出远门"，他最远只去过杭州。"是和姐姐一起去的。"他解释，"姐姐"指表姐。

"男孩子不好养啊。"卢湾区师专附小的纪蔚老师说，她也是一个小男孩的妈妈，"男孩子小时候容易生病，又淘气。"

中国青少年研究中心副主任孙云晓说："昨天还有个母亲向我咨询男孩子的教育问题。这个男孩子上高一，到现在写作业还要妈妈陪着，洗澡的时候还要妈妈给他搓背；上了高一之后，还要和妈妈一起睡觉。我觉得这不是一个男孩应该有的正常发展。”

2009 年 3 月到 9 月，上海市社会科学院青少年发展研究所所长杨雄主持了一项针对“90 后”进行的“2009 年上海青少年发展状况调查”。调查涵盖了上海卢湾、长宁、闸北、浦东、金山等 5 个区十几所中小学从小学三年级到高中二年级的学生，通过“身体状况”“学校生活”“家庭生活”“社会生活”“心理健康”五个维度来测量青少年发展状况。结果发现，“90 后”女生的综合发展分值均比男生高。男生的综合发展、身体状况、学校生活、家庭生活、社会生活、心理健康等分值分别比女生低 0.621 分、高 1.102 分、低 2.027 分、低 1.986 分、低 1.311 分、高 2.009 分。其中，性别对综合发展和身体状况的影响未达到统计显著水平，这表明男生的学校生活、家庭生活和社会生活水平显著低于女生，只有在心理健康水平方面，男生的表现显著高于女生。

孙云晓曾经受新东方总裁俞敏洪邀请，在扬州和教育界人士讨论中国的夏令营问题。“同时去的有上海市的少先队总辅导员沈功玲，她谈到男孩的问题让我很惊讶。”孙云晓说，“许多男孩子联名给她写信，说他们在学校里受压迫，老师也不重视他们，他们很没有地位，这非常不公平。”

“我当时很受震动，觉得中国男孩的情况可能更严重，因为中国的教育更不适合男孩子发展，学校和学习的压力，来自父母的很严重的溺爱，这两大因素对男孩子的成长极为不利。”

20 世纪 80 年代，孙云晓写过一篇在当时引起过非常深刻讨论的《夏令营中的较量》。在那篇报告文学中，他曾经注意到，与日本少年比，中国的少年娇气、耐力差、生存技能差。“1986 年我还是《中国少年报》的记者，采访时就感受到，城市男孩很脆弱，偏向女性化，也很容易受到伤害。1986 年，我发表了一篇 1 万字的报告文学，叫《‘邪门大队长’的冤屈》，讲了一个男孩在学校受到伤害的故事。”孙云晓说，“那时候我了解到，学校里很多男孩反映他们被女生欺负，甚至因此成立了‘反对女生’组织。”

“现在的女生普遍都外向，大大咧咧、要强。反而男孩都很安静、内向。”浦东金杨中学的胡象丽老师说。不仅如此，班干部、校干部里，女生的比例也大大超过了男生：“在我们这所中学里，女孩绝对强势，20 个班的中队长全是女生。男生全在干些‘粗活’，比如劳动委员 80% 是男生。”

初三（3）班的徐晓阳个头已经超过1.8米了，坐在那里的时候，他比旁边初三（1）班的女生王丽还要安静些。“平日里看书、听音乐、看电视，周六周日打打羽毛球。”业余时间，徐晓阳是这样度过的。

徐晓阳喜欢看电影，但是他并不觉得施瓦辛格那样肌肉强壮、会自如操纵机械的男性角色是他的偶像。“在我心目中，男子汉的重要表现是不惧困难、坚持不懈。”和大多数中国家庭一样，徐晓阳一直和爸爸、妈妈住在一起，零花钱则是爷爷给的。“零花钱是爷爷给我的奖励。考试到90分以上，爷爷就会给我零花钱。”到目前为止，让徐晓阳最有机会展现自己男子汉一面的是，体育课上有同学受伤，他带着同学去卫生室，正好老师不在，他用了半节课的时间去照顾受伤的同学。

“我心目中的男子汉勇敢、阅历丰富、见识面广、做事积极。”面对问题，明显王丽回答得更活泼、更大方，语言的表述也更加流畅。王丽并不觉得周边的很多男同学符合她的男子汉标准。她觉得，在这所初中里，男生最能表现出他们像个男生的场合，就是学校的运动会。在那里，学校的男生们表现出了他们的凝聚力和荣誉感。

相比徐晓阳和方舟，王丽反而是3个人中最早离开父母独立生活的。“她的家庭状况有点复杂。”胡老师介绍说，“她的父亲、母亲是离婚后再结合的，因此年纪比较大，爸爸已经60多岁了。”上初中后，由于离家比较远，王丽就独自在学校附近租房。她租了一位老婆婆的房子中的一个单间，自己做饭，自己照顾自己。

“我和老婆婆是互相尊敬，互不干扰的。”谈到和房东的相处之道时，王丽说。

虽然是女孩子，王丽的成绩一直很好。王丽将之归功于父母的鼓励：“我父母一直鼓励我要上进，要勇敢，要自信。”对于将来，王丽有非常明确的规划。她想从事英语翻译，上北大或清华，如果能争取到机会，就到欧洲去留学。王丽是2008年上海市的优秀共青团员，在中学生里，这是一项“殊荣”，因为一个学校可能只有一个名额。

提到成绩，徐晓阳承认，班里成绩好的女生比男生多，但是他觉得这不要紧，他相信到了高中男生在理科上的优势就会显现出来。

“如果到了高中发现女生成绩还是比男生好，怎么办？”

“不会吧……”

到目前为止，徐晓阳说，他从来没跟人起过正面冲突，没有打过架。万一遇到冲突怎么办？“我就跟他讲道理啊。”

“那人不讲理，要跟你打架呢？”

“我姐夫是特警。他教了我一些招数。”

“可你没有实战技巧啊。”

“……”

春游的尴尬

“现在都只有一个孩子，很金贵的。”卢湾区第一中心小学的耿愈老师说，“现在的老师可不好当，家长有意无意都要求老师像保姆。现在的地都是水泥的，曾经有小同学课间在地上摔了一跤，摔掉一颗牙，家长就来学校索赔，要学校赔钱。”

3月的中旬，柳树发芽，上海的春天已经来了。老人们把孙子、孙女放在小推车里推了出来。可对于中小学老师来说，春天的到来，意味着一个头疼的问题摆在了眼前：“去哪里春游，玩什么？”

“20年前，我从事少先队工作时，还组织过孩子们夜行军，夜间在田埂上走。现在这样的活动是不可能了。”中国少先队工作学会的副会长沈功玲从1963年就开始从事少先队工作，“还有一年，我们组织学生去韶山，有的孩子想到池塘里去游泳，老师就要特别看着，不能让他们下水，因为害怕出危险。”

“从这里到第一八佰伴，不远吧？”胡象丽说。从金杨中学到浦东第一八佰伴的确不远，打车费在15元之内。“可是这一带很多小学生从来没独自去过，很多小学校就在门口画个圈子，三四年级的学生不能独自出去，不能独自穿马路。有的小孩子想去八佰伴看电影，就非常紧张，要问爷爷奶奶去不去，爷爷奶奶不去，自己就不敢去，表现得非常害怕。”胡象丽说。

“春天对于中小学老师们来说，是一个尴尬的季节。”孙云晓调侃说。

上海的中小学生们春游，都会选择去东方绿舟。东方绿舟是一座位于青浦区的公园，是上海市青少年拓展培训、社会实践和团队活动的地方。

提到“东方绿舟”，上海市卢湾区第一师专附小的孩子们兴奋得叽叽喳喳说个不停。“每次去东方绿舟，徐云帆都兴奋得睡不着觉，和别的同学说话。”徐云帆的朋友杨逸飞“出卖”了他。徐云帆是师专附小五年级的学生，大队长。

虽然只不过才上小学五年级，徐云帆已经很有“小大人”的样子了。他端端正正坐在那里，小手放在膝盖上。“学校的作业多吗？”

“还可以。”

“喜欢上网吗？”

“还可以，我喜欢看书。”

“你看什么书？”

“初中的作文书，我觉得小学的作文书实在太浅了。”

下课了，小朋友们呼地一下冲到教室里来，喊道：“老师，徐云帆和 ××× 是这个。”他们把手指比成一个“心”形。

“×××”是徐云帆的同班同学，女孩，少先队大队长。小孩子们都说，徐云帆喜欢她，讨好她，放了学总和她一起走。徐云帆的脸红了，他说这些孩子在“散布谣言”。

可孩子们不依不饶，接着“揭发”，说徐云帆会变魔术，变得比刘谦好。开始的时候，徐云帆还说：“哪里有。他们瞎说。”后来看到我并不因此将他归到“坏孩子”，反而对他的这个技巧表现出好奇和赞赏，他才放松下来，开始讲他会的魔术。

“那个果汁从杯子里倒不出来的魔术是最简单的……”

虽说是小学五年级，徐云帆的日程却安排得比大人还紧张。星期一到星期五，白天上课，晚上还要做作业，周六周日的上午下午，全部被各种辅导班和才艺班排满。

“我们从来没去过徐云帆家。”杨逸飞说。徐云帆的回答是：“忙。没有时间。”

张丞昊的爸爸是学校里为数不多的小学教师，也是副校长。但是张丞昊说，他跟妈妈更亲近。张丞昊喜欢网络游戏，他说比起体育课，他更喜欢网络游戏。因此，他的体重看上去并不轻。不过和圆乎乎的杨逸飞相比，他还算不上胖。徐云帆叫杨逸飞“胖子”，说他的体重就要超过100斤。杨逸飞好脾气地澄清说：“我没有……”外面的操场上，一年级的同学正在上体育课，比杨逸飞还圆的男同学不在少数，这些同学才跑了两圈，就喘得厉害。

张丞昊放了学要爸爸来接，接杨逸飞的是外婆，徐云帆通常要跟爷爷奶奶回去。杨逸飞最想成为的人是“爸爸”，因为爸爸最厉害，可以管他。

“你们讨厌女生吗？”

“讨厌。”3 个男生异口同声地说，“女孩欺负我们。”

“到了五年级，女孩都长得比男孩还高了。体育成绩都比男孩要好。”正在操场上教一年级小朋友的体育老师告诉记者，“实际上现在男孩都挺老实的，女孩当了班干部比男孩要威风，老师那一套女孩全学会了。”

放学了，学校传达室前拦起一道红色的警戒线，家长们站在警戒线外翘首企盼，大多是老先生和老太太。等候的汽车，不乏奔驰等好车、名车，孩子从学校门口一出来，立即就被汽车接走了。“现在小孩都是从门到门：从校门直接到家门。”一个家长笑着说。

“我们的教育体制实际上是不利于男孩子发展的。”孙云晓说，“因为怕出事，怕乱。静文化已成为许多学校普遍的追求，而这种教育对男孩的伤害是巨大的。血清素的作用之一是自我控制，使人变得理性。男孩的血清素少于女孩，反映出来的结果就是：女孩比较理性、控制力强、犯错误少；相反，男孩的自我控制力往往较差，好冒险，容易冲动。而杏仁核在生理上可以让人做出类似见义勇为的行为，使人挺身而出，也可能让人迅速卷入暴力和危险行为。男孩子的杏仁核大于女孩，所以男孩先天就容易出问题。”

“我们的教育忽视性别，利女不利男。”孙云晓认为，独生子女政策更加重了这一问题的严重性。

“我们的社会是一个独生子女的社会，男孩和女孩被同等对待。过去多子女的家庭会把重点放在男孩培养上。但是现在在大城市，很多家庭把女孩当男孩养。白领中产家庭对子女的教育会投入相当多的时间和精力。在独生子女的社会中，男孩普遍受过多女性过分的照料，她们又对男孩有过高的期待，家庭教育里呈现出一种阴盛阳衰。男孩金贵，被过分保护，女孩反而更强势。再加上男孩身心发展的滞后，一强一弱就这样表现出来了。”杨雄说。

“有人说，独生子女的父母是在把男孩当女孩养，使中国失去了一代男人。这话说得一针见血。养男孩一定得让他吃苦，一定得磨炼他，让他有责任感。而目前中国家庭教育的一个重要问题就是对男孩溺爱。现在的男孩吃苦太少、享受太多、满足太多、控制太少。在这样的状态下，男孩肯定会出问题。”孙云晓说。

男孩补贴 20 分

方舟现在已经不学师洋，也不跳“舞娘”了。他说那只是初中时期“一时的兴趣”。他也不穿打满了洞的衬衫了，一个重要的原因是上了高中，他由寄宿改成了走读。

“刚上高中的时候，想到能够寄宿，我非常高兴，觉得终于摆脱了父母。”方舟说。然而，“住宿之后，我也发现自己有很多事其实是不适应的，现在想起父母，觉得自己比以前更加理解他们了”。

寄宿的另外一个原因，是学习压力加大了。“早上 7 点 40 分至 8 点 20 分是 40 分钟的早自习；之后上午上课上到 12 点，每节课之间有 10 分钟课间休息；下午 1 点第一节课开始，4 点 30 分放学。”这是金杨中学典型的一日课程表。

那天是星期五下午，整个学校静悄悄的，操场上也见不到学生活动的身影。

“今天下午有一次期间考。”胡老师解释说。“说是素质教育，其实还是升学教育。”胡老师说，“一个班的升学率直接和老师的报酬挂钩。”胡老师是音乐老师。她自嘲说，自己的课是“小科目”，因为几乎不和升学考试发生直接联系，所以从学生到学校，都不会像对待“大科目”那样重视。

为了确保学生们以质朴的面貌全心投入学习，学校对学生有着严格的规定。“以前手机是不准带进学校的，现在通融了一下，变成在校门口检查，手机必须要关机。”胡老师说，“男生的发型必须是平头，女生两边的头发不能过耳。”王丽梳了马尾辫，耳边的碎长刘海垂下来。胡老师说，严格说，这也是不允许的。

“高中怎么样？”这是王丽见到方舟时的第一个问题。“更紧张了。”方舟说，早自习比在金杨增加了一节，此外还增加了晚自习。方舟戴了一副黑框眼镜：“我是中考完跟爸爸说我要配眼镜的，初中的时候我视力还是不错的。我们班现在很少有不戴眼镜的。”

这天晚上，方舟还要参加学校的辩论赛。在方舟的班里，成绩好的，还是女生居多。但是提起辩论赛，他很得意：“我们这一边有 3 个男生，只有一个女生。”王丽听到不服气了：“那是因为我没有去。”

“从前大家都觉得，男生小学、初中成绩不好，女生成绩好是正常的，而高中情势就会掉转过来。这个趋势目前已经不对了。”孙云晓说，“全国的高考状元在10年间发生了天翻地覆的变化，男孩的比例一路滑坡，从1999年的66.2%滑到2008年的39.7%，女孩的比例则由33.8%上升到60.3%，状元不是‘状元郎’而是‘状元花’了。包括大学的国家级奖学金获得者，这两年女生的比例已经占到了2/3。”

“以教育模式而言，中国内地是以升学为主要目标，而不是鼓励创造。考试要求重复，女性的细致认真就发挥了优势，男性的粗枝大叶是不利的。现在连理工科的女生都胜出了。”杨雄说。他还提到，这两年，教育界曾经很认真地讨论过在升学考试中，要不要给男生特殊照顾的问题：“有人说，升学考试，给男生要降低20分。教育界曾对这种观点有过讨论，很多家长和专家都非常激动，但至少目前是强调男女平等的。”

杨雄也有个儿子，他同样体会到了这种“不平等”：“我生的是儿子，我儿子是大学生，大学里要入党了，大家发现女生几乎全入了，男生只有两个——女生乖巧啊，讨老师喜欢。”“女生比男生更善于交流吧。”对于中学里男生和女生的区别，徐晓阳想了半天，得出了这样的结论。

虽然不再穿打洞的衬衫，方舟还是非常注意自己的外表：

“洗完头发总要吹一吹吧。这也是男子汉气质的表现。”“那你觉得理想中的男子汉气质是什么呢？”我问。

“工作中有领导才能，活动中有竞争精神，遇到困难坚持不懈。”

“一定要有肌肉，会操作复杂的机械吗？”

“不需要吧。”

“你喜欢野营，登山，户外生存吗？”

“还是蛮感兴趣的。但是，这些活动有点危险吧。”

“在街上，遇到有人抢劫，你是会冲上去跟他搏斗呢，还是会打 110 呢？”

方舟的回答是“智取”。徐晓阳的回答则是：“悄悄跟着他，然后拨 110。”

“现在的学校教育并不鼓励学生冒着生命危险去跟罪犯搏斗，比较倾向于鼓励学生采用报警等理性的方式。”胡老师在一旁解释。

对于将来的职业理想，方舟的回答是，做高级白领。对于都市里的办公室白领来说，那些传统的显示男子气概的技能的确没什么用武之地。因此杨雄认为，“拯救男孩”这样的命题提出的另外一个背景，是工业文明高度发达："从发达国家看，目前明显有男女中性化的趋势。工业化社会用电脑，不拼体力，拼大脑。女性大脑发育并不差，而男孩使用电脑并不能显示出他们的优势。"

"听摇滚乐吗？"

"不喜欢。"方舟和徐晓阳都回答，他们比较喜欢日、韩的流行歌星。

"现在的中学生，每天从网络上下载那些日、韩明星的图片，照着他们的样子打扮，觉得那样才帅、才美。"胡老师补充说。

在采访的前两天，上海市一个高三的男孩从学校的六楼跳下去了，原因是承受不了高三的压力。"现在的男孩子抗压能力挺差的。"胡老师说。

在问到怎样排遣心理压力时，徐晓阳和方舟都会选择比较静的方式：独处，看书，听音乐，哭泣。之后，方舟强调说："不会当着别人的面哭泣。"而王丽的方式是比较社会化的："和朋友们去唱卡拉 OK，去逛街。"

“男孩节”的未知数

从2003年开始，金杨中学举办“男孩节”，活动的主题是：“寻找小小男子汉。”2003年12月，金杨中学预备年级组为此专门做了调研，写了调研文章，文章的副标题是：“初中男生呈现弱势的原因及对策探析。”

文章点出了男生的几大弱点：“初中男生学习成绩逊色于女生，竞选场上男生难与女生抗衡，男生吃零食的现象日渐严重，男生的课堂表现不尽如人意。”“男生犯错批不得。”胡老师说，她是这个活动的发起者和组织者之一，“经常是老师还没讲两句，男生的眼泪就已经掉下来了。”

“男孩节”有几个措施：“唤醒男生的自我形象意识”，开办“小小男子汉”专栏，举办展现男生风采的舞台表演、培育男生风度的10分钟队会等。在其中的“唤醒男生的自我形象意识”活动中，学校鼓励女生向男生提建议，女生提的建议是：“上课认真听讲，不随意插嘴，提高自我约束力和责任心。”

“男孩节”期间，每周三中午，金杨中学的老师向男生进行人际交往的辅导，改进男生内部以及男生与女生之间的人际关系。他们做过这样的游戏："将队员分为两组，以 30 米为距离，每组各有一半的队员分立在起点线和终点线的两端。队员们抬起大半桶水快速相向从起点跑到终点，然后脱下衣服，放下水桶交给终点处的队员。队员里有男有女。老师们认为，这个活动培养了队员的合作能力，尤其是男女生之间的合作，培养了男生的风度。"

除此之外，学校还给家长做辅导，帮助家长认识到树立孩子角色意识的重要性。"主要是让家长更深刻地懂得男孩子的心理和生理特点，正视男孩子的个性，懂得不能拿自己的儿子和隔壁成绩优秀的女孩子做比较。"胡老师说。

从 2005 年开始，卢湾区师专附小也开始推行"男孩节"活动，主题是"塑造阳光男孩"。有趣的是，这个建议出自当时二年级（1）班的一个男孩。"当时这个男孩说，老师眼中的好孩子、好学生都是那些听话、懂事、乖巧的女生，就算有老师喜欢的少数男生，这些男生也是文文静静的，像女孩子。难道男生都应该那样才能赢得老师的关爱吗？于是，杨帅霆向上海市少代会提出自己的建议，要求设立男生节，关注一些调皮捣蛋的男生，给男生更多发展个性的机会。"纪蔚老师说。

“男孩节”的主要内容是设置了一些更适合男孩子的活动，比如玩遥控车、滚铁圈等。当问五年级的徐云帆和张丞昊是否喜欢过“男孩节”时，两个男孩子非常快乐地说“喜欢”。“我喜欢电子遥控模型。”张丞昊指向玻璃窗外的天空说，“飞机就从那个楼顶上飞下来。”

在2005年师专附小的“男孩节”上，因为观察到平时接送孩子的大都是女性长辈，学校特意设置了父子互动环节。“关于父教缺失问题我们进行了大量的研究，有充分的数据。针对中、日、韩、美四国高中生的研究表明，即使在正常家庭中，父亲也已经远离了孩子的情感中心，中国高中生将父亲选作第六位倾诉对象，排在同性朋友、母亲、异性朋友、兄弟姐妹甚至网友之后。但是研究表明，父教是男孩成长中无可替代的保障，父教缺失带来的问题非常严重。有一个来自生物界的例子。在南非国家公园，人们认为大象本来是一个很温和的群体，但最近却发现小公象充满暴力倾向、暴躁不安，还攻击别的动物，驯养员从没有见过小公象这么疯狂野蛮。这是怎么回事？专家研究后发现，原来是因为当地大象繁殖过快，人们就把许多成年公象杀死了，结果使小象失去了管教。因为成年公象可以管教这些小公象，使它们守纪律。在社会生活中，孩子因为缺少父教而出现严重暴力倾向的例子同样举不胜举。”

“从理论上讲，人的发展有两个方向，第一是亲密性，第二是独立性。母亲教育的天然功能是培养孩子的亲密性，父亲的教育则主要是培养孩子的独立性、责任感、约束力。父亲在帮助男孩控制自己的情感方面起着关键作用，如果没有父亲的指导和带领，男孩遭受的挫折常常导致各种暴力行为和其他的反社会行为。所以要解决男孩的教育问题，首要是解决父教问题。”孙云晓说。

“我们学校的男教师也少。”第一中心小学的耿愈说，“男同志现在都不愿意当小学教师，因为觉得男人教小学没出息，社会压力太大。”耿愈说，在第一中心小学，教师和教工全部算上，男职员和女职员的比例是 1 ∶ 12。

第一中心小学每年也开办“男孩节”：“第一是推荐适合男孩子看的书目，比如《淘气包马小跳》，多订科技类图书；第二是组织‘男子汉服务队’，把那些淘气的男孩子组织起来。我们认为男子汉气质中非常重要的一面是尊重女性，所以每年的三八节是我们的‘为女生服务日’，男生要为女生带小点心，带沙拉，给女生系丝巾。我们要从小培养小绅士。”耿愈介绍说。

针对男生担任学校职务不足的问题，沈功玲曾经和其他少先队工作人员提出，可不可以实现另外一种“选举方法”，这一年只选男生，下一年只选女生。“儿童也有自己的小社会，儿时领导好一个小队，长大才可能领导好一个企业，领导一个国家。”沈功玲说。

“我曾提出过一个建议，小学阶段班级干部男女比例应该至少保持在 4 ∶ 6，女孩发育早，管理能力强，班干部中女生可以占 60%，男生占 40%。”孙云晓说。

“我同意多给男生机会让他们去担任社会工作。男孩目前的社会责任感普遍不如女生。男孩现在都成了宅男，与他们从小受压也有关系。”杨雄说。

针对男孩的发育比女生晚的生理特点，孙云晓还提出男孩应该比女生晚上一年学。这样也可以避免男孩因为好动被贴上“后进生”的标签，进一步打击他们对学习的兴趣。

孙云晓认为，最好的方式是“分性教育”。针对男孩和女孩的不同需求，制定不同的教育方法，比如多增加男孩的户外活动：“有研究显示，男孩每天需要至少 4 次以上的课外活动，而现实中很多学校每天连一次活动都不能满足孩子。当然有些男孩子偏于文静，似乎对运动不感兴趣，但是，即使这样的男孩也比女孩更需要运动。”

孙云晓说：“运动是儿童社会化的最有效途径。我们不能把运动仅仅看作使人头脑简单、四肢发达的方式，实际上运动会让人产生责任意识、规则意识、合作意识和竞争意识，这些都是当今社会非常看重的品质。我们在对儿童进行品德教育和人格培养的时候，主要指标都可以在运动中达到。”

然而正如之前所说，牺牲儿童的天性是以升学为主导的教育模式所导致的结果，冒着让孩子在升学模式中失败的风险而带他多去运动的教育模式是否能得到支持还是个未知数。

在和老师聊天的过程中，我说，将来如果生了儿子，就带他去多运动、野营。一位男教师从堆积如山的文件中抬起头来，非常不客气地说：“等你真生了就知道了，周围的人都在带孩子上这个班那个班，你敢带自己的孩子去玩？”

孙云晓也说，目前，也有不少人质疑“拯救男孩”命题的提出，认为这是一个伪命题。依据是目前各行各业的领导岗位依然是以男性为主，女性并没有想象的那样强势。然而孙云晓说：现在这个现象是 30 年前教育的结果，那时的孩子们受的束缚相对少，现在的教育方式的后果会在 30 年后体现。

“我们那个时候谈婚论嫁，都是找年纪相若的，因为大家经济情况都差不多。你看现在的女性找伴侣，都倾向于找比自己大 10 岁、20 岁的。为什么？因为这让她们有安全感。如果女强男弱的趋势发展下去，也许今后 25 岁的男生会倾向于找 35 岁的女性，因为他 25 岁还什么都没有，需要年长的女性指导，而这可能会进一步促进男性向‘花男’发展。你看发达国家‘花男’增多，不发达国家的男性反而更加阳刚。这和女性的经济地位与社会地位是有关系的。”

“我非常赞成男女平等，也非常希望女孩发展得更好。我认为，现在女孩崛起不是问题，是好现象，问题是男孩节节败退。男孩的节节败退对女孩没有好处，对国家没有好处，对孩子本身也没有好处。”孙云晓说。

“我们始终认为男女应该平衡发展。哪一方太弱，哪一方太强，都不好。”杨雄说。

“设想你将来工作时，领导全是女的，怎么办呢？”

“那不成了母系社会了……”徐晓阳很无奈。

“将来……我并不介意太太的收入比我高。”方舟说。

性别成长：新男性与新女性

志余

近10年来，关于“男孩危机”的话题在世界范围内，以各种不同的表述出现在日常议论、热门书籍，甚至一些国家教育部门的报告中。

哈佛大学有一位心理学家叫威廉·波拉克，他在1998年出版的《真正的男孩》一书指出：为什么这么多男孩悲伤、孤独，虽然他们或许看起来健康、乐观、自信？他在书中详细描述了当代男孩们“被吓坏了”的、“精神拧巴”的状况。尤其是在这种状况下与女孩相比，他们无论在成就还是自信方面，都远远落后于同时期的女孩，整体竞争力下降。

《美国孩子：国家福祉关键指数2007》是一份更细致的研究报告，显示出男孩在许多行为指数方面已经表现极差。它统计的一系列数据表明确实存在导致男孩身体上、精神上、道德上出现危机的风险。20年来，美国男孩子在学业上的表现明显下降，在某些方面表现得更为糟糕，比如学业失败。2000 年，美国的相关统计显示，美国女性拿到硕士学位的人数是男性的 1.38 倍。还有统计显示，男孩的自杀率高于女孩 5 倍。

英国的中等教育考试结果中也出现同样的倾向，女孩在本就占据优势的语言类学科中继续保持优势，在以前男孩占优势的数学等方面的成绩从 1995 年开始与男孩持平；2001 年的考试结果显示，女孩 5 门以上科目的达标率为 55.4%，而男孩为 44.8%，其中分数级别越高，女孩的比例越高。

“男孩危机”的研究者评论说：现代教育方式是男孩成长危机中最为凶猛的杀手，而不当的家庭教育和流行文化更加剧了对男孩的伤害和误导。为此，联合国教科文组织在 2003 年启动了一项“为了所有人的性别和教育”的调查。调查报告里提供了一份“国际学生评估项目”，对接近完成基础教育的 15 岁学生进行评估。这个项目 4 年间在英国、美国、德国、芬兰等 42 个国家和地区进行。西南大学博士研究生庞超在论文中对这个评估分析说，它主要测试学生们能否掌握参与社会所需要的知识和技能。结果显示，女孩在所有教育评分上都胜过男孩。由此，报告提出，21 世纪的基础教育更需关注男孩的受教育问题。

中国对这个问题的关注似乎稍迟一步，不仅因为中国还存在着更为基本的女童失学问题，而且一直主张女性权利的研究者们在对中国的总体评价上，认为中国依然是男权社会，因此根本不需要拯救男孩。但是，从《拯救男孩》一书中提供的中国版男孩危机的调查数据中剪取的零星数据已经足够支持欧美有关“男孩危机”的分析。

在学业上，中国男孩的成绩与女孩相比，不仅原来在优势学科上的距离在缩短，甚至在更多科目上落后于女孩。在北京市和上海市，2006—2008 年连续 3 年的文、理科状元都是女孩；2000—2008 年，在重庆市连续 9 年的 19 名高考状元中，仅有 4 名男生；2006 年，在复旦大学录取的 3871 名新生中，男生为 1847 名，女生为 2024 名，这是复旦历史上女生比例首次超过男生；2007 年，在中国人民大学录取的新生中，女生约占 55%；早在 2002 年，中国政法大学的女生数量就已经超过男生。

在身体素质方面，1985—2005 年中国男孩体质变化状况调查显示，男孩的肺活量、速度、爆发力、耐力、力量等各项指标全部下降，只在其中的个别项目中乡村男孩的测试结果有所提高。儿童青少年阶段最常见的多动症、学习障碍、智力障碍、自闭症等心理病症，在男孩中的发病率远高于女孩，男孩还比女孩更容易沉溺于网络。

如果这些还算是硬指标，那么男孩中的“娘娘腔”究竟是男孩的误区，还是男性的解放，似乎是一个不那么容易评判的观念问题。

无论如何，威廉·波拉克诊断说：当代的男孩们正在经受着一种通病的折磨，简单地说这种通病就叫“找不着北”（anomie）。各国的教育学家对男孩危机的分析，几乎得出相同的结论：现代家庭、学校的教育方式以及流行文化正在毁掉男孩们，使他们深陷于无休止的焦虑中。

现代教育制度，被认为是一种工业化的教育制度，工业化时代批量生产的价值观念和思维方式决定了现代的学校制度和考核模式。课堂的静态读写是学校的主要教育方式，它几乎否定了学生获取知识的其他途径。如果教师在课堂上以说为主，那么男孩大脑比女孩更容易感到厌烦、分心、瞌睡。“在这种教育方式占上风的年代里，男孩在学习上不占优势，在学校长期得不到正面反馈，他们正在变得战战兢兢、如履薄冰和身心疲惫。”

因此，教育专家们一致地把矛头对准了学校教育。美国一位专家把现代的学校教育描述为一场专门与男生的天资和倾向作对的阴谋诡计。

与传统家庭比，过度保护也被认为是对男孩天性的一大伤害。美国有统计显示，现在父母陪伴孩子的时间每周约为 20 小时，是有统计以来的历史最长时间。而中国的独生子女赢得了父母乃至祖父母们更多的陪伴和保护，他们宁可把男孩变成胆小鬼也不愿让他磕破了手脚。教育专家的研究表明，大量父母将注意力转移到孩子身上，已经从过去放任自流，走向了另一极端的过分护爱。

即使在学校的严酷考核体制中，也有一些过度保护的规定。为防止学生在校期间发生磕碰受伤的意外，很多学校禁止学生课间休息时在楼道跑动，禁止学生到操场活动，此类行为会被视为“追跑打闹”而遭斥责。同样，为了避免事故的发生，很多学校的体育课也尽量选择绝对安全的项目，而跳山羊、单杠、双杠之类的体育项目正在逐渐从学校里撤出。

对于中学男孩，体内睾丸雄激素高出女孩 15 倍之多，在这种与女孩保持一致的生长环境中，他们的特长得不到发挥，性格发展得不到引导。男孩们对此要么逃避，要么服从。逃避的结果表现为自信受挫，服从的结果则压抑了他们的另一些珍贵品质和天性。

当然，也有很多人怀疑这些统计和分析，究竟是什么原因导致了男孩危机？或是否存在男孩危机？《时代》周刊援引美国教育部高级政策分析员萨拉·米德的看法说：如果不跟女孩比，只跟过去比，男孩的成就并没有下降，而是提高了。美国男孩的整体学习成绩在提高，大学在校人数在上升，只是他们进步得不如女生快罢了。不应该以女孩的成功来否定男孩的进步。女孩成功的好故事不应该被转化成男孩失败的坏故事。

女孩成功的好故事是否导致了男孩失败的坏故事？2000年，克里斯蒂娜·霍夫·索默斯的《对男孩的战争》一书，罗列了在社会生活各个层面，男孩的表现明显落后于女孩的事实，并指责了现行的女权主义与这些事实的关联。那时，索默斯就职于美国最有影响力的智库之一“美国企业公关政策研究所”。她通过这本书谴责“跑偏了的女权主义”正酝酿着一场“针对男孩的战争”。

关于性别差异的讨论再次披上了政治的战袍。女权主义的第一次运动在100年前也曾表达为一种政治主张。女权主义者为争取选举、受教育、就业等政治权利（right）组成女性团体，促成了欧美各国相关法律的修改，那时女性解放被作为人类解放的一部分。在 30 年前的第二次女权运动中，女性为摆脱“第二性”的被动处境，争取社会权力（power），极大地改变了主流文化中的两性对立状态，至少在话语层面争取了“政治正确”的主动。

由此发展的女性主义理论针对的其实是统治社会千百年的父权文化，其中最有影响力的理论成就是关于社会性别（gender）的理论，男女性别差异和行为特征不再被理解为天生的生理性别（sex），而是被理解为由社会文化规定形成的。而社会性别差异又被看作与阶级差异同样的社会制度范畴，它挑战的是两性不平等的社会历史根源。

第二次女权运动是当时世界范围的民权运动的一部分，所以女性主义对社会性别角色的批判不仅为女性赢得了前所未有的文化和生存空间，确实在很大程度上改变了性别歧视的环境，也提示了民权运动中的部分男性以同样的方式质疑社会文化对男性的建构。在这场运动中，出现了男性蓄长发以及对服饰的改变等混淆传统性别装饰的时尚，这种时尚迅速被正在快速发展的大众流行文化所接纳。

女性主义运动有一项意外的成果，它几乎同时催生了男性研究。男性研究的出发点在于，他们认为女性主义对男性的诠释是从女性的角度对男性经验的演绎，并不能反映男性如何理解自己的感受以及社会角色。所以，他们认为男性也应该学习如何正确而全面地表达对自己和社会生活的理解，包括男性是否一定要表现得有竞争性，是否一定不如女性那样有耐心等。

这些社会运动和相关的性别研究是否与男孩危机有直接关系，并没有相关的论据。但著名的贝姆量表测量出目前存在的 4 种社会性别倾向也许从侧面描述了这些社会运动带动的社会性别重构。这 4 种社会性别倾向包括男性化、女性化、双性化、中性化。前两种是传统的典型性别倾向，双性化则是具备传统男女两方面的优势，而中性化则是性别模糊不明。

无论对于男性还是女性，双性化和中性化倾向都是一种新的混合产物，它要求削弱男孩与女孩的对立差别，形成新的竞争结构。但“新女性”不仅在 20 世纪 30 年代曾经是中国解放运动中的先锋，今天依然是个正面词语。

而人们对混合型的“新男性”则评价不一。伦敦一位玩乐高手对研究者说，“时尚产业竟然把这种对男性认识的混乱迷失当成好事”,“新男性的形象不过是广告工业自身形象的戏剧化再现，它的道德观建立在一个华而不实的不良基础上。他们推动着男性护肤、保养、青春等产品服务，狠狠地贩卖着各式各样的梦想和欲望。这种美学可能导致盲目的一窝蜂，同时这些商品也被用来建构各种奇异的男性次文化，这些都把身体更尖锐地推向了政治争战”。

大众文化的守门人接受了这一形象。英国文化研究专家弗兰克·莫特曾撰文说：所谓新男性的成因是由乱七八糟临时撮合的观念压缩而成的。这种所谓新男性的气质被定义为是自我怀疑的，是对削弱了的社会性别差异、对他们的社会功能发出的疑问，原则上是一种迷失感。

加利福尼亚大学的布劳迪在2003年的《从骑士精神到恐怖主义》一书里说：早在工业化前夕，西方世界就一度笼罩着“男性危机”的阴影，弥漫着一种成年男人的躁动，有人担心工业化的到来将导致男性缺乏男人气，沾染上女人的娇柔之气，不再适合任何形式的抗争，正是这种危机感促使法国的顾拜旦提议现代奥林匹克运动，英国的罗伯特·巴登-鲍威尔创建了童子军。这些努力都在强调社会历史上对男人的基本要求：探索、竞争、朋友情谊与自我发现。现代中国与欧美有一段时间差，对男性危机的忧虑也推迟到了近10年，但性别教育研究者所发现的问题与欧美国家对男孩的忧虑竟有大面积的重合。

这一波男孩危机的忧虑在某种程度上依然表现出一种对传统男性的怀念，2007年《给男孩的危险读物》一度位居《纽约时报》畅销书榜单前列，亚马逊畅销书榜的第二位。作者伊格尔登兄弟中的哥哥曾在伦敦做过英语教师，弟弟在剧场做舞台监督。他们在这本书里教小男孩爬树，玩七叶树果实，建造一间树屋，捉鱼，磨石，制作弹弓，教男孩用硬币、铝片、醋、盐制作电池、耐火布、潜望镜、弓箭、定时器、导火索，用石子打水漂，猎兔子烧了吃。他们坚持把强烈的好奇心、勇敢、礼貌、坚忍、尝试各种挑战等特征当作完美男性的品质。当然，他们也为男孩讲解英国历史上著名的战役、海盗的黄金年代，也讲文学常识，列出了“每个男孩都应该知道的”拉丁语句子和7首诗，以及“每个男孩都应该看的”书。这分明是在怀念传统的英国男孩形象。它不仅是在鼓励男孩的行动能力，也是在把男性的注意力从装饰门面的护肤品和电脑游戏转移到野外和社会生活。

在联合国国际学生评估项目进行的数年间，很多地方已经开始针对这一问题做出回应。英国“促进男孩学业进步”项目由剑桥大学教育学院院长主持，展开了很多实验性计划，从1998年开始要求教育部门制定针对男孩学业问题的长期战略；两年后，甚至把促进男孩学业进步纳入对地方政府的检查标准中。澳大利亚政府在2002年拨出350万澳元支持男孩教育示范学校计划，第一阶段有230所中小学参加实验；之后，政府继续为相关项目提供资助；2006—2007年，已经有1600所学校得到资助，实施相应的行动。中国上海的一些学校也着手开始了针对男孩的教学实验。

或许在这些研究和实验中，我们能找到新的世界观，真正理解性别差异，培养出更得当的性别感受力，进而把差异视为社会进步的珍宝，使男孩女孩都能在差异中找到各自生长的途径。

下篇

养育女孩

愿你活得漂亮，

却只为悦纳自己

一个女孩的可能性

陈赛

为什么我们非得相信男女有别呢？女性意识需要培养吗？在我们所谓的“女性意识”中，有多少是基于男女之间真实的性别差异，又有多少是社会，尤其是消费社会塑造的刻板印象呢？在一个孩子的成长过程中，一个模糊的原则是成为自己要大于成为某个性别，但那个“自己”里又有多少是由性别决定的呢？在一个女孩的成长过程中，我们应该鼓励女性意识的表达与探索，还是应该主张一种更弹性的性别差异，甚至无性别差异呢？我们到底应该如何看待一个女孩成长过程中的各种可能性呢？

女孩的模型

作家程玮说，在各种各样的少女里，自己一直最爱黄蓉，她聪明美丽，知书达理，又会调皮捣蛋。程玮尤其记得黄蓉和郭靖跟着洪七公学武功，她盈盈一拜，“优雅和娇嗔都有了”。

后来，程玮写了一整套书——《周末与爱丽丝聊天》，用中国小女孩米兰和德国老人爱丽丝之间的对话，串联出青春期的困惑，尤其是一个小女孩成长过程中的许多困惑：关于美、金钱、亲情、礼仪、爱情。

比如，她们谈论美的标准是什么。不同时代对于一个美的女孩应该是什么样的有不同规定，比如芭比娃娃、维纳斯的雕像、敦煌石窟里的菩萨……到最后，米兰终于不再自寻烦恼，学会欣赏镜子里那个真实的、美丽的自己。

程玮认为，中国一直缺乏女性意识的教育。很多女性在事业上很成功，但你并不觉得她们的人生值得羡慕。所以她写了这样一套书，作为一种尝试，教女孩如何做一个女孩。

在《米兰的秘密花园》里，米兰第一次遇到爱丽丝。爱丽丝教了米兰很多关于礼貌、礼仪的事情：怎么跟人交谈，怎么去别人家做客，怎么对待客人，怎么给别人送礼物，送什么礼物，怎么在名品店里买东西，甚至包括敲门的方式、坐的姿势、说话的语气和餐具的使用等。简而言之，教米兰如何做一个令人赏心悦目、如沐春风的女孩。

“在中国父母的眼中，有两件事情最重要：孩子的健康与学习成绩。但在西方父母眼中，却有一件事情比孩子的学习成绩更重要，那就是如何与人相处——与家人、同学、朋友以及偶然相遇的陌生人之间的相处。这是一门很重要的功课。因为一个人不只属于他自己，属于他的家庭，他还属于社会。他生活的价值、生活的意义，都与社会密不可分。”

在那套书里，除了礼仪之外，米兰还跟爱丽丝学习了人与钱的关系、与父母的关系、爱情是怎么回事……这些似乎是男孩女孩都应该学习的生活技能，那么女孩学起来有什么特别之处吗？其中有什么“因为身是女孩，所以需要特别学习”的东西吗？

程玮的回答是：“因为女孩子是要做母亲的啊。”

“爱丽丝对女孩的要求，不属于丛林法则。但这个世界越来越向丛林社会的方向发展。”她半开玩笑半认真地说，“爱丽丝教出来的女孩子，最好都去当母亲，这样文明社会就有希望了。”

我记得上大学的时候，我认识了几个很要好的韩国留学生。有一次，大家在一起吃饭，她们兴高采烈地谈起怎么烤蛋糕。我很羡慕地说：我不会做饭。她们惊呼：你不会做饭，那还是女人吗？

多年来，我一直把这件往事当成一个笑话。因为在我的成长经验里，是没有“一个女人应该如何如何”的明示的。在我成长的那个年代里，女孩子被教导的是，你可以成为任何人。就像我母亲告诉我的，“别人能做到的，你也能做到”。

今天听来，这句话当然很鸡汤，也不符合逻辑。但直到我长大，才发现这句话真正的潜台词——生为女孩，你也可以成为“男人”。因为除了“男人”之外，我们并无其他作为“人”的模板。

在我成长的过程中，性别意识是被严重压抑的，比如对身体的各种莫名尴尬与自卑是青春期的普遍记忆。我记得有一个高中女同学很爱美，上课时喜欢偷偷掏出小镜子照照自己，每次都要被老师扔粉笔头。还有一个朋友小时候宁死不肯穿健美裤——穿上显得她髋大屁股大，却从来不敢告诉她妈妈为什么。对那时的我们来说，爱美曾是一件如此羞于启齿的事情。要到20多年过去，当我们皮肤开始松弛，身材各种走形时，才带着深深的悔意和温情怀念起当年青春的面庞与身体，那样浓密的黑发、光滑的皮肤、清亮的眼睛……

其实，爱美之心人皆有之，本来与性别无关。但是否就是因为我们在潜意识里仍然深深相信外表与女性的身份有关，所以反而极力地压抑？

我一直觉得，金庸小说是我们那代人的童书。虽然很多人认为金庸不会写女人，但他的确是第一个将那么多风格迥异的女性，尤其是少女的形象介绍到我们生活中的人。在了解这些女性之前，我们所了解的女性的模板，要么是红颜祸水，要么就是可以为国捐躯的女英雄。

金庸笔下的少女各有性格，阿朱的温柔可人、小龙女的天真浪漫、周芷若的狠辣、程英的温婉……虽然这些少女都无一例外地把爱情看得比一切都重要，但至少让我们认识到，女性是有很多面向的。

在这些女孩中，黄蓉的确是特别的。她之所以如此特别，可能与一个有趣的角色设置有关——她没有母亲，而她的父亲对她有很深的爱，又对世俗礼法有很深的不屑。所以，她的身上没有那么多关于“女性”的预期，所以她作为一个女孩子，才如此清新有趣。

而且，黄蓉是强大的。她的强大不在于她有一个很厉害的爸爸，也不在于后来她有一个很厉害的丈夫，而在于她本人就是强大的。她的聪明机智，在金庸小说里是唯一能与最绝顶的武功相抗衡的能力。很可惜的是，到了《神雕侠侣》，黄蓉被“郭夫人”的身份束缚之后，几乎变成了另外一个人。

一个女孩应该的样子

如果我问你：“一个男人应该是什么样的？”

你的脑子里也许立刻能闪现出很多画面，比如亨弗莱·鲍嘉、马龙·白兰度、鲍勃·迪伦、邦德、姜文、萧峰……男人应该强大、沉稳、坚强，泰山崩于前而不变色。就像在《男性气概》一书中，哈佛政治学教授哈维·曼斯菲尔德将“男性气概”首先定义为“危机之前的自信”。

当这样的模型崩塌时，如何养育男孩也遭遇了危机。美联储主席杰罗姆·鲍威尔在接受采访时，揭露了美国经济前景所面临的两大危险，其中之一就是“年轻男性”问题带来的危险：年轻男性不找工作，年轻男性药物成瘾，年轻男性没有准备好迎接社会向科技转型。他说：“我用 50 年的时间研究男孩和男人，在研究中我发现确实存在'男孩危机'，而且这是一场全球危机，在美国尤其严重。这场危机不仅仅是经济危机，还是多方面的，每个方面都会使其他方面的问题更加严重。"

男孩危机源于整个社会整体性的男性气概的失落。我们整个社会和文化都无法再确定，到底什么是男人，什么是合适的男性角色？我们对于男孩的教育自然也陷入困惑。

那么女孩呢？我们对于"什么是女人，什么是女性特征，什么是女性意识，什么又是合适的女性角色"这些问题，真的有清晰的答案吗？

2018 年的 MeToo 运动[①]，涉及的是极为复杂的性别、权利、道德、政治问题。如果你的家中有一个小女孩，在面对这个复杂问题时，你可能会有一个简单的疑惑：为什么在这个时代，女性仍然有那么强烈的无助感？我应该如何养育一个女孩，才能让她勇敢地面对世界，自由地活出自己？

女权主义运动经历了三次热潮。第一次热潮是在 19 世纪末到 20 世纪初，女性在这一时期追求的是政治平等，挣脱家庭的

① 美国反性骚扰运动。——编者注

禁锢，争取女性参政与避孕的权利。第二次热潮是在 20 世纪 60 年代到 70 年代，女性在这一时期追求的是法律与职业平等。第三次热潮就在过去几十年里，此时女性追求的则是社会平等。

政治与法律平等是相对定义清晰而且可测的，但社会平等却复杂得多。因为女性要对抗的，更多是无意识的偏见，是延续了几千年的对女性不利的文化。美国女作家勒奎恩（Ursula Le Guin）曾经在一篇小文章（《介绍我自己》）中写过一段很有意思的话。她说：多年来，她一直在假装男人写作，“我必须是一个男人，因为要成为一个人，或者一个作家，你必须首先是一个男人”。她花了 17 年的时间才找到作为一个女人的声音，写出了《地海传奇》中的第四部，她的主角从一个少年巫师变成了一个孀居的中年妇人，她的作品也因此展现出令人惊叹的深度和广度。

所以，当我们问，女人在多大程度上是生理的，在多大程度上是社会的，而女人的生理结构又在多大程度上是个体的，在多大程度上是群体的，这些问题几乎没有答案。因为性别经常遮盖其他的纬度（比如阶层、种族，甚至个体），而且你又不得不直面长久以来形成的信仰系统和各种非理性的偏见与预设，强迫人们去“忘记”（unlearn）那些他们已经知道了的“常理”。而且，很多时候，这些常理都是非常隐蔽的。

在《亲爱的安吉维拉》里，尼日利亚女作家阿迪契举了一个很有趣的例子。“我记得小时候被吩咐要‘在扫地时好好地弯腰，像个女生的样子’，这意味着扫地这件事情有关女性身份。我情愿只是被教导说，‘弯下腰好好扫地，这样你就能把地板打扫得更干净’。我还希望我的兄弟们得到了同样的教导。”

这本书是阿迪契为教她一个刚生了女儿的朋友如何辨别各种性别偏见与刻板印象的陷阱，从而将女儿培养成一个自由、独立、勇敢的新女性而写。在书的一开篇，她提供了两个辨识的基本工具。

第一个工具是前提，是作为基准点存在的信念。你的女性主义前提应该是：我是重要的，我同等重要。没有“除非”。我同等重要，句号。

第二个工具是提问，能在交换性别角色后获得同样的结论吗？比如说，很多人认为面对丈夫的不忠，女人的女权式应对是走人。但我觉得留下也是一种女权式的选择，这要看语境。如果你老公和别的女人上床而你选择原谅他，那么你和别人上床情况是否一样？如果是，那么你选择原谅他也是女权主义的选择，因为这个事没有受到性别不平等的影响。

20 世纪 60 年代，美国有一本绘本《我很高兴我是男孩，我很高兴我是女孩》，该绘本以一种“诡异”到可爱的方式描画了各种关于男孩女孩的刻板印象：

男孩是医生，女孩是护士。

男孩是警察，女孩是 metermaids（取缔违规停车的女警）。

男孩是机长，女孩是空姐。

男孩修理东西，女孩有东西需要修理。

男孩是总统，女孩是第一夫人。

男孩能吃，女孩能煮。

男孩建房子，女孩打扫房子。

男孩发明东西，女孩享用男孩的发明。

今天，这些关于男女的刻板偏见听起来像老掉牙的笑话。但你去商场的儿童玩具区走一走，就会发现，这些偏见仍然深深地内嵌于关于孩子性别角色最重要的启蒙玩具之中。

这些玩具区常常按性别分类：给男孩的玩具一般比较活泼，需要一些主观的参与，比如火车、汽车、球类、乐高以及运动器械等；而给女孩的玩具基本上很被动，绒毛玩具、芭比娃娃、厨房用具、珠宝和服装等。很显然，前者有助于发展孩子的推理和空间技巧，后者则偏重于培养孩子的养育技能。

也许你会觉得这有点过度阐释，但这些玩具背后隐含的信息是一致的：男孩和女孩是不一样的。他们的大脑不同，性别发育不同，对世界的认知不同，未来的人生角色也不同。这是关于先天和后天的古老争论。今天的父母也许不再同意男孩和女孩未来有什么固定的人生角色，但很多人仍然相信，养男孩和养女孩本质上是不同的。为女孩提供女孩喜欢的玩具，为男孩提供男孩喜欢的玩具，是天经地义的事情。

对于父母来说，考虑以下这些问题是很重要的：

关于"女人是什么"，你想教给孩子什么？

关于"男人是什么"，你想教给孩子什么？

当孩子长大时，你想限制他们的选择吗？

你认为男孩和女孩应该有平等的机会吗？

你想让儿子扮演有养育行为的角色吗？给他们洋娃娃玩的时候你感觉自在吗？

女儿长大后，你愿意让她驾驶汽车吗？她需要知道怎样修理东西？把修理型玩具和卡车给她玩时，你觉得自在吗？

当其他成人对孩子不符合传统的一些活动进行议论时，你会怎样应对？

——《从尿布到第一次约会：养育性健康的儿童》

但是，现代科学得出的结论恰恰是相反的。在 2009 年出版的《粉色大脑，蓝色大脑》一书中，美国神经学家里斯·艾略特（Lise Eliot）博士提出，我们在男孩和女孩身上看到的绝大部分差异，极少是由天生因素造成的，大部分都是养育的结果。她认为，仅就男女之间大脑的差别而言，“并不比男女之间的心脏或肾脏的差别更大”。

那先天差异有没有呢？当然有。比如就语言能力的发育而言，女孩的确比男孩早，但也就早了一个月而已。12 个月大的女婴的语言水平，与 13 个月大的男婴的语言水平相当。男孩的确有更好的空间能力（读地图），但这与男孩更多地被鼓励运动有关，尤其是投掷的运动。

那么激素呢？激素会影响我们的思考和推理能力，并控制我们的情绪吗？艾略特说激素对我们的情绪和思考能力的影响并没有我们想象的那么大。虽然产前睾丸雄激素对玩耍行为以及后来的性取向可能有显著的影响，但是，从青春期开始上升并持续到成年期的性激素对于我们的思考影响甚微——除了性驱动的提升（男人女人都会有睾丸雄激素）。

科学家还发现，在出生后的最初 18 个月里，男孩和女孩具有同等水平的攻击行为，但到了 2 到 3 岁时，女孩的行为比男孩更少攻击性。男孩和女孩似乎都知道，攻击行为对男孩来说是可以接受的，但对女孩却是不可接受的。

为什么我们在男孩和女孩身上看到如此大的性格与行为差异？艾略特博士的答案是，因为整个成人社会，包括父母、老师、社会，都在无意识中强化他们的性别刻板印象。有研究发现，从孩子生命最初的 24 小时开始，父母就根据孩子的性别而对其有不同的看法。父母对新生女婴比对新生男婴更细心、更友好、更温柔。新出生的儿子则被认为比新生的女儿更强壮、更稳定，也更硬朗。

等他们长大一点，我们会“发现”男孩好动、攻击性强，而女孩爱社交、更情绪化。我们经常会无意中说出这样的话：

“小丽没有小明跑得快。”

“米奇那么有攻击性，安琪拉简直是个天使。”

“艾瑞克不善表达，一定不像汉娜那么情感丰富。汉娜帽子掉了都能大哭一场。”

然后，连他们自己也相信了：当然，男孩的语言技能不如女孩；当然，女孩在数学上缺乏实力。于是，我们的孩子成了自我实现的预言。他们变成了我们想象他们变成的样子。父母的做法未必是有意的。这些刻板印象的性别角色，就像潜意识一样，经由消费主义、玩具制造商、广告以及我们的上一辈，深入我们的脑海。

很多人，包括哈佛大学前校长劳伦斯·萨默斯在内，都曾利用 1970 年的一项研究来解释 STEM 学科（科学、技术、工程和数学）顶层女性少见的现象。这个研究显示，在 SAT 考试（美国大学委员会主办的考试）数学板块里取得高分的考生中，男性与女性比例为 13 ∶ 1。艾略特说："人们以为，卓越的数学能力是一种男性现象。"当然，实际情况是女性不被鼓励去追求 STEM 学科。一旦有更多的项目来培养女孩学习这类学科，艾略特说，高分获得者的性别比例就降到了 3 ∶ 1，而且现在差距还在不断缩小。

这些其实都算不上多么新奇的知识。关于神经可塑性[①]的理论已经提了半个多世纪了。童年时期，尤其是婴儿的大脑是极其有弹性的，他们大脑的布线是软的，不是硬的，是灵活、可塑的，很容易受到外部环境与经验的影响。推理、说话、计算、空间以及其他认知差异，并不固定在大脑的基因结构里。所有这些技巧都是习得的，而且外部环境的影响永远大于基因的限定。

但是，我们对于孩子的认知——他们是善于社交的／冷漠的、大胆的／谨慎的，这些认知会影响我们对待孩子的方式，比如给他们穿粉色衣服还是蓝色衣服，让他们玩娃娃还是玩球，鼓

---

① 神经可塑性：通俗来讲，连接人的大脑神经元的部位叫"突触"。在儿童早期发展过程中，突触的数量甚至超过了成年人。但后来，很少被刺激到的神经元会丧失突触，从而被削弱甚至裁剪掉，即突触削减。这种削减非常严重，在整个儿童期和青少年期，一共要削减大约 40%，而经常被刺激的脑网络的突触会加强，这就是"神经可塑性"。

励还是阻止他们的冒险……这些极小的差异，都会在父母、老师以及男孩文化与女孩文化的长期浸淫中逐渐被放大，甚至变成巨大的鸿沟。

“在一个越来越复杂的世界里，我们需要男孩在情感上更敏感，而女孩学习更多的科学与技术。父母必须意识到，女孩之所以如此，男孩之所以如此，并非因为他们天生如此。事实很可能恰恰相反，女孩与男孩性格、行为以及能力的差异，是一种结果而并非原因。所以，我们必须鼓励他们走出舒适区，鼓励他们尝试新的东西，探索新的表达方式，即使这种方式一开始可能让人觉得不自然。比如，鼓励男孩表达他们的感情，鼓励女孩更多地尝试冒险。”

一个女孩可以是什么样子的？我记得第一次读《长袜子皮皮》时，皮皮说的每一句话、做的每一件事，都让我觉得惊奇不已——世界上竟然会有这样的女孩，这样的生活！

皮皮露达·维多利亚·鲁尔加迪娅·克鲁斯蒙达·埃弗拉伊姆·长袜子，一个 9 岁小女孩，红头发，满脸雀斑，扎着两根冲天辫。她的名字来自她穿的一双长袜子，一只是棕色的，一只是黑色的，黑色的袜子正好比她的脚长一倍。

邻家乖小孩汤米和阿妮卡第一次见到皮皮，她正在倒着散步。“你为什么倒着走？”

“我为什么倒着走？”皮皮说，“我们难道不是生活在一个自由的国度吗？人们不是想怎么走就怎么走吗？”

皮皮 9 岁就有用不完的金币。一只猴子坐在她的肩膀上，一匹马住在她的走廊里。她乱糟糟的别墅是一个歪歪扭扭，好像按自己心意长出来的小房子，院子里有一个过分茂盛的花园，老树上长满苔藓，百花各按各的心意随意盛开。

她的妈妈很早就去世了，爸爸是海员，被风暴卷进了大海。但她确信：妈妈做了天使，通过一个小孔看着生活在人间的女儿；而爸爸漂流到了一个海岛，那里住着很多黑人，他做了黑人国的国王，每天都戴着金色的皇冠走来走去。

她不用上学，不用做作业，没有人告诉她什么时候应该上床睡觉，在她想吃薄荷糖的时候也不会有人硬要她吃鱼肝油。想到妈妈在天堂透过一个小孔看着她，她会挥挥手说，“别担心，我会照顾自己”。

她是世界上最有力气的女孩。她能一手举起一匹马，双手举起一条鲨鱼，轻而易举地战胜马戏团的大力士，把自己的爸爸抛在手上玩。

“罗素说，儿童渴望力量，就像成年人渴望梦想。”林格伦在1985年《纽约客》对他的一次采访中说，“皮皮是一个有力量的孩子。她有力量，但从不滥用，没有多少人意识到这有多难。她天生有一副好心肠。但你认为未来的孩子会是那个样子的吗？如果能这样认为，我会非常快乐。”

长袜子皮皮的好玩之处在于，她打破一切关于女孩应该如何如何的行为准则——同时嘲笑了这个过程中成年人的性别角色。但皮皮并不是一个假小子。她是一个真正的女孩。她的爱和温柔藏在那些荒诞的行为里，藏在她那不断变出礼物的抽屉里，也藏在会长出汽水和巧克力饼干的大橡树里。

那么，长袜子皮皮，这样一个不被任何规律束缚，违背地球重力法则的女孩，可以是一个女孩的理想模板吗？在《林格伦传》中，作者玛卡列达·斯特罗姆斯泰特认为：长袜子皮皮是成年人林格伦为自己观点辩护而杜撰的一个形象，让所有没受过教育或者受教育过度的孩子们高兴。她与林格伦的童年之间并没有明显关联。更符合林格伦童年的是吵闹村的丽莎。（《吵闹村的孩子》讲述的是在某个小乡村，三户人家的六个小孩是如何上学、过节、游戏、做家务的，就像她回到自己的童年时代，重新活了一次，再把每天的日记记录下来。）

其实，关于这个问题，林格伦在小说里已经告诉我们答案了。汤米和阿妮卡将会长大成人，适应社会生活，而他们的朋友皮皮则会留在童年。她将永远留在那里，就像小熊维尼一样。

但是，她会激励一代又一代的女孩去创造自己的故事。一位研究故事的心理学家告诉我："当你创造性地去编造一个想法，而这个想法因为有足够的连贯性、足够的说服力，会变成很多人的行动。当一个故事转化为行动的时候，它就在开创事实的路上了。"就像林格伦活出了她的传奇，勒奎恩活出了她的传奇，玛格丽特·米德活出了她的传奇，弗里达活出了她的传奇，弗吉尼亚·伍尔夫活出了她的传奇那样。

青春：不过是正式生活令人不悦的前奏

驳静

18 岁以前，我对眼下的生活总有一种漫不经心。因为在我心里，在长大之前，一切都是临时的，生活分配给我们的喜怒哀乐，配合一下就好，没必要当真。我真正的生活，在未来。

想象这样一个女孩子，十七八岁，大人们以为她天真烂漫，她自己心头却琐事冗长。她当然认为升学是种压力，但也想抓紧长大，借机逃离母亲。母亲的爱如镣铐，家乡更是值得仇视的现实。所以她虚构一个未来，认为只有逃离此地，才能找到自由。远方不只有自由，还有一个面目远比现在清晰的自己。反观现在的自己，活得迷茫而费力，所以她更加奋力地往前走，仿佛只消走到那块写着“长大”的路碑，一切便唾手可得，生活将真正开始。

这位少女，是十几年前的我，是热播剧《小欢喜》中的英子，也是“伯德小姐”。电影《伯德小姐》的故事发生在加州萨克拉门托，女主角原名克里斯汀，却给自己起名“Lady Bird”。这个名字怪异、不合时宜，所以她总需要提醒人们别叫错了。按照她父母的经济条件，她原本读不起这所教会私立中学，但因为她哥哥在公立学校目睹了一次斗殴，出于恐惧，父母就把她送到这所都是富二代的中学里。在这里，伯德小姐谈恋爱两次，停学一次，与闺密吵架并和解一次；丢掉老师的记分簿若干本，毕业舞会弄得一团糟；学了好几年车，总算拿到了驾照。她与母亲吵架数次，最后一次冷战持续到了她离家读大学。

一位青春期少女探寻自我的过程，在这部电影中，被拆解为几个对立面：对“伯德小姐”这个名字的坚持与放手，自卑和虚荣组成的复杂情绪，与母亲的对抗与和解。少女时期的困惑与迷茫，干过的傻事、蠢事、叛逆的事很难被忘记，时时被想起。它不分国界，不论文化差异，总能触碰到成年人对青春的回忆点。这是青春成长主题的作品总能引发许多共鸣的原因。这部年轻的电影之所以能在 2018 年获得五项奥斯卡金像奖提名，一定也与此有关。在上述每一个对立面中，我都找到了自己青春的参照，清晰得仿佛在眼前重新发生一遍。

青春永不过时，因为它已被记忆制成影像，随时可以在头脑里播放。

青春与命名权

有一幕发生在我高一第一节英文课。这节课一结束，小小教室的空气里就涌起了起英文名浪潮。这是许多孩子获得的第一个自我命名的机会。一夜之间，这个班里陡然间有了皮特、大卫和亚历山大，詹妮弗、雏菊（Daisy）和朱丽，还有一个四月（April）、一个六月（June）和一个七月（July）。第二节英文课在万众期待中来了，老师肯定了上述所有名字，但奇怪的是，当有男生说“老师，我也出生在四月”，或者当有男生想用八月或九月起名，都被否决了。年轻的英文老师说：“这不符合规定。”而我，出生在九月，中文名里没有“丽”，也没有“妮”，更不想轻率地将自己“委身”于某种烂俗的花。左挑右选，犹豫了好几天，最后竟然选中了“crazy”（疯狂的）。十几年前，在我们那个小镇，即便是重点高中，同学们也大都不知道“英文名”意味着什么，没有人知道为什么“四月”可以“八月”却不行，为什么女生可以用“四月”而男生不可以，以及凭什么这个突兀的“疯狂的”怎么又可以。

扒拉出这个词的时候，我单纯地觉得它的发音（科瑞希）好听，又暗自觉得“疯子”毕竟与“天才”只有一步之遥，这样算下来，起码比什么娇弱的雏菊强一点。老师认可了，于是我从此就成了班上那个独一无二的横着走的“科瑞希”。

事实证明，这的确是个很添麻烦的名字。成为科瑞希的第三个星期，学校来了一位外教。点名的时候，他当着全班同学的面问我：“你确定不要再换个名字吗，比如 Jasmine，我看就很适合你。”我拒绝了：“你们外国人，除了茉莉，对中国还有点儿别的了解吗？”外教听到此处，不敢再多言。下课后，为自己起名“亚当”的男同学向我走来。亚当圆脸，戴厚眼镜，腼腆，随时随地抱一本《新概念英语》。他模样紧张，迟疑不前，被同学推了一把才站到我面前，没想到他说的是：“科瑞希，在美国，不可能有人叫这个名字的。”我瞟了一眼他手中厚厚的道具，冷笑一声，心想：“你不就是早学两年英文吗，有本事考试分数比我高。”我仰着头，不知如何作答，快速走开了。

大约是拜这个疯狂的英文名所赐，我一直都是班上英语学得最好的学生。即便我从乡镇初中升学至此，即便这所重点高中强敌环伺，我依旧是那个英语作文被当作范文当众诵读的优秀学生。在我们班里，我唯一的竞争对手，是一个曾在大考前去杭州“厨师学校”补习的女同学。

多年后，我当然明白过来，原来“新东方”不只是电视广告里那个厨师学校。也如那位见过一些世面的亚当所说，的确不可能有人给孩子起名“crazy”，更何况这还是个形容词，从源头上它就是错的。但错误的“科瑞希”，给予无知的我一些无畏的勇气，靠着这个奇怪的名字，以及它结织出的外壳，我撑过了自卑、毫无安全感的高中时代。从某种程度上来说，“crazy”就是我的“Lady Bird”。

“Lady Bird”的怪异之处在于，lady 显然不是一个能自封的称号，而“bird”不过“鸟”而已，也谈不上什么美好的寓意。这两个词组合起来，并不能让人肃然起敬，甚至连由此制造的困惑都是“微弱”的，它仅让乍听此名的人们，微微皱眉，连多问一句为什么的好奇心都没有。

因此，这是个“性价比”很低的名字，没好处，还尽添麻烦。“权威们”并不认可克里斯汀这个怪异的名字，在学校张贴的榜单上，她需要小心翼翼地画掉克里斯汀，一笔一画改成“伯德小姐”。她对此也不愤怒，一副自己承担的做派。只有母亲刻意叫她原名时，她才会发一点火。在少女心里，“我自己的名字自己起”，寓意并不重要，怪异也在其次，甚至“与众不同”也不是重点，重点是那个命名的自由选择权。

自卑与虚荣心

还有一幕发生在2018年深秋，巴黎13区一家小酒馆。脱掉风衣，晓晓里面穿了一件蓝得非常好看的针织衫，短袖、一字肩，露出她细瘦的肩胛和胳膊。这些当然都是她魅力的一部分，可在我眼里，最有魔力的还是那种特殊的蓝色，我盯着它看，仿佛见到什么稀奇珍宝。我的眼神像是一只盘旋在灯光下的蝇子，攀附于她的上衣，去吸收这茂密的蓝色。晓晓大约注意到了什么，轻轻地问：“我是不是晒黑了？”

我只是想起了往事，十几年前，我们在同一所高中。不用穿校服的周末，她会穿一条牛仔裤。那是另一种蓝，或许是靛蓝，或许比靛蓝再青上几分，此时此刻，我闭上眼睛仍能想象出这种颜色，只是找不出合适的词去形容它，就像我在寻找牛仔裤时，永远没办法跟店员形容它的颜色一样。穿着这条裤子的晓晓，腿看上去又直又瘦，配一件宽松T恤衫，从教学楼走向食堂——她常常晚去食堂，所以总与我们迎面相遇。几乎是集体性地，我们会凝神静气地对她行注目礼。当时我们还称不上朋友，只听说她家境非常好，成绩又在全校前十名里，无论从哪个维度，她都是女神——青春期女生心目中也会供奉女神，在大多数情况下，还会比那些小男生对她的暗恋更持续。后来，我们因为同在巴黎上学而有机会成为朋友。我们第一次约着去逛街比与任何一个男生的第一次约会都叫我紧张。

整个高中，一有机会，我就在商场寻觅类似的牛仔裤，可我运气很差，从来没有找到过。张口询问她在哪儿买的也完全不是一个选项，更何况，这也一定是件价值昂贵到远远超出我父母承受范围的东西。对这抹蓝色的渴望曾如此之深，以至于当我再次目睹一种新的蓝色在她身上出现，往昔回忆立刻扑面而来。不论身在何处、境遇如何，青春时代最隐秘的渴望，仍在某个角落细细蠕动。

对蓝色的渴望只是自卑的一角，掀开这个角，里面深藏着一口巨井。里面是什么，或许并不应当去探究。

伯德小姐也有她的渴望，但从表面你看不出来她有哪怕一点自卑。她头发染成浅红色，看上哪个男生了就上去攀谈，不害羞也不露怯。先是一个端庄优秀的男生，那是她音乐剧兴趣小组的男主角，优点是唱歌好、家境好。伯德小姐很主动，也很成功地拿下了他。甚至她还被邀请到男生祖母家过感恩节派对。出席宴会要穿什么？母亲带女儿去挑礼服，未被点破的阶层差异就此显现。萨克拉门托被一条铁轨一分为二，这隐隐也是贫富分界线，伯德小姐时常称自己处在“wrong side of the tracks”（铁轨的错误一边）。她这个蠢男友去接她时，竟然跟她父母这样寒暄：“我一直以为她说的‘铁轨的错误一边’是某种隐喻，没想到真的有条铁轨。”矛盾埋下伏笔。

母女二人挑礼服，明显是在折扣商店，裙子密密麻麻地挤作一堆。母女的对话也很有意思。母亲说：“那一带我和你爸去过，参加公司 CEO（首席执行官）的派对，挺正式的。”伯德小姐挑出一条黑色裙子，母亲立刻又说：“你去的又不是葬礼。”一直被迫面对穷这个现实的女儿语气立刻不善：“富人们的感恩节晚宴，我可不知道该穿什么。”

父亲失业，一家五口的生活主要靠母亲支撑。她在精神病院做护士，有时不得不加班加点维持生计。家境如此，母亲一直都将这真实的惨状摆在女儿面前："纽约的大学，我们可供不起，我们连州立大学都够呛。"最激烈的一次冲突发生在停学处罚之后，母亲大发雷霆："你以为我愿意在精神病院轮两班吗？你以为我们不知道你为我们感到羞愧吗？你爸很清楚，每次你都让他停在学校一条街之外是为什么！"紧接着，"铁轨的错误一边"被母亲提炼出来，这句"穷人区"的别称，真实映照出私立学校中伯德小姐的处境，以及她为了消解这种落差感做出的努力。

虚荣心依然作祟。伯德小姐结交了新的有钱女朋友，跟她谎称，那栋人人称赞的插着国旗的漂亮蓝房子就是自己家，将在咖啡店打工美化为"我妈逼我打工去学习责任"。她也的确每次刻意不让爸爸送自己到校门口，还为了这个新的有钱朋友，疏远了最好的朋友。最华丽的一次行动，发生在以反堕胎为主题的教育集会上。她当众对老师口出不敬："如果你妈妈当时堕胎成功，那我们现在就不用坐在这里参加这场愚蠢的集会。"她口出狂言，让同学大吃一惊。

伯德小姐并没有比别的同学更反感这次集会，但当老师问她有什么想说的，虚荣心立刻披上了叛逆的外衣，在这间所有人都比她有钱的教会私立学校，这项小小的与众不同，足以让她在同学当中站住脚跟。就像我那个总是抱着《新概念英语》的同学亚当，这本厚厚的只有他有的英文书，帮助青春期男孩承担起来的东西，比他自己想象的要多很多。

逃离，逃离

有时候你分不清，你要逃离的究竟是家乡，还是家人。

家乡，是因为它荒芜了。没有真正的剧场，没有可供作家写作的森林，没有文化。成年人如今徘徊在“逃离北上广”的念头里，说到底，还不是因为当初选择了逃离家乡。伯德小姐要逃离萨克拉门托，声称这里“在扼杀我的灵魂”。一句过分严肃的判断，从准备逃离的少女嘴中吐出，反而令人相信。萨克拉门托甚至还是加州首府，在她眼中却称得上“加州的中西部”，题记一语道破，“那些声称加州享乐主义的人，完全没在萨克拉门托过过圣诞节”。所以，伯德小姐想逃离这个名不副实之地，“起码得去旧金山吧”！去哪里或许并不重要，重要的是离家越远越好。

家人招人烦，主要还是因为母亲。母亲每天絮絮叨叨，控制着她的生活。她跟母亲其实挺亲密的。她与第二个男朋友发生性关系后，还在浴室里问她妈妈，什么年纪做爱是合适的。她们会在车上听电台朗诵的约翰·斯坦贝克的《愤怒的葡萄》，听到结尾处一起流泪。她俩会组团去看房子，去欣赏那些买不起的豪宅，假装要买它们。

但是这些温馨细节之后，紧接着的总是争执。激烈时，母亲会指责她，“你只关心你自己”。温和时，母亲在更衣室外循循善诱，“我只是希望你能成为更好版本的自己”。自以为看穿生活的伯德小姐绝不会对这款鸡汤买账，她反驳道：“如果这已经是最好的我了呢？”这肯定不是她最好版本的自己，她只是不喜欢这个版本的母亲。现在这个母亲，是他们这个家里强势的大总管，事无巨细地管理着这个家庭，精确到她一次用几条浴巾，总在她热乎乎的梦想跟前泼冷水。

她多么希望母亲哪怕有一点理想的劲头。

母女矛盾正是在此。女儿想远走高飞，母亲却希望她务实。“离开加州，去东岸，最好是纽约。”伯德小姐平凡得与大多数年轻女孩并无两样，连学校的升学咨询师都告诉伯德小姐，耶鲁就别想了，肯定进不了，“我的工作之一就是帮助你务实”。是啊，“看上去每个人的任务都是这个”，除了她自己。

陷入全世界都与自己为敌的臆想中，这是少年人的特质，但《伯德小姐》中少女的困境却不是沉重的，女演员罗南最出彩的地方就在此，她演出了这位萨克拉门托少女对当下生活的漫不经心。恋爱、初夜，对男友的欺骗表示不满，都只是对生活一种暂时性配合，仿佛在说：“你来好了，伤害不到我的，反正我在这里只是短期停留。”

打从高三一开始，我就想好了，浙大我是不读的，离家太近，甚至连上海，我看看地图，也将它排除在外。我要去就去那种得坐一整天火车的北方。此时，另一幕在我头脑里播放，我与那位上新东方的女同学到了高三已经成了朋友。一天晚自习下课后，我们结伴来到学校最大的那棵树下。我们已经在纸条上写好了理想学校，把纸条装进玻璃罐，打算埋到树下。

我当时心里想着，“很快我就会离开这里”。《伯德小姐》中则有另一句话，“到更大的世界里，正式开始我的人生”。它与萨克拉门托这座城市的气质混在一起，成为这部电影特有的韵味，这应该就是电影作者气质的延伸。该片编剧及导演，年轻的格蕾塔·葛韦格（Greta Gerwig）女士就出生成长在这里，这是她第一次导演电影长片，毫不意外地将自己成长过程中对纽约的向往写了进去。

上初一那年，格蕾塔在学校尿了回裤子。新学校，刚开学，又是数学分级考试，格蕾塔紧张得一塌糊涂，考到一半能出去吗？出去得举手吗？她对这些一无所知，直到一切都太晚了。隔壁桌的女同学注意到了她的窘迫，递给她一件运动衫，让她系腰上，然后去医务室处理一下。尴尬且无措的格蕾塔照做了。第二年，教社会研究课的老师让同学们交一篇“文学日记”。当读到格蕾塔写的这个关于一个姑娘尿裤子的故事时，他很喜欢，还把它作为范文张贴了出来。

若干年后，这位尿裤子的女同学已经忘记了隔壁桌同学的名字，却仍然记得，得到帮助时那种温暖的感觉，它只有家乡才能给予。格蕾塔五岁时第二次到纽约，从此纽约与家乡截然不同的融合与复杂性刻在了脑中。所以，当终于被巴纳德学院（Barnard College）录取时，与许多从小镇解放出来的同学那样，她心想“我的人生终于要开始了”。第一天晚上，她违反规定，爬到宿舍楼楼顶，张望这座城市，在心里宣告主权：“这以后就是我的城市了。”

我的四个青春期

杜蔚

我与我的三个孩子，各自经历了不同的青春期。

我今年 44 岁，是三个孩子的母亲。

我有两个女儿，一个儿子。大女儿今年大学快毕业了，二女儿刚刚准备上大学，儿子还在读高中。两个女儿的高考成绩都是 600 多分，她们都考上了“211”大学。儿子成绩不好，但还算懂事。

我没有很大的梦想，就希望把我的这几个孩子抚养长大，然后和我先生驾车出去旅行，等我们老了，把老家的房子装修一下，在那里养养花、种种菜，安享晚年。

我知道，我的这些孩子，他们终究会像离弦的箭，不回头，而我会成为助力的风，让他们去得更远。

我有一个极度失败的母亲，重男轻女到极致。我还小的时候，她把所有好吃的都留给我弟弟，却不肯让我好好吃一顿饭；

为了省钱，阻止我上学，她烧掉我所有的书，尽管我的成绩很好；她在雨天把我赶出家门，我在雨中昏睡一天，从此落下病根，这么多年来一直生病不断。我的姐姐被她逼得离家出走，这么多年从来没回过家，连她生命最后一程都没回来。尽管她已经去世，我终究还是无法原谅她。和我姐一样，一辈子都不原谅她。想到母亲做过的那些事情，我就想，我一定不会这样对待我的孩子，我要尽可能地给他们最多的爱，教会他们很多的道理，希望他们的人生不要像我一样曲折。

我看到村里很多十六七岁的女孩子，年纪轻轻就挺着大肚皮嫁人了，她们多是初中就辍学的孩子。在心智和阅历都还不成熟的时候，稀里糊涂地被某个男孩子忽悠，就这样草率地决定了自己的一生。

家长的教育和引导多么重要呀，养而不教，不如不要。

我这 20 多年和几个孩子磨合，同他们亦师亦友，在养孩子方面，也算颇有经验。

说起来，除了大女儿，二女儿和小儿子都正处在青春期，也有各种琐碎，一地鸡毛。这些虽是烦恼，但提起来却是心头一暖。

我们家没有什么严谨的家规，只是早上 8 点之前必须全部起床，不可以睡懒觉；家务全部交给三个孩子做，一人轮流值日一天，值日当天要负责卫生和三餐，我和先生就当甩手掌柜，专门动嘴皮子。三个孩子虽然没有什么才艺特长，但是都具备基本生活能力，我们出去也不用很担心。

我的两个女儿，是截然不同的性子：大女儿安静，心思缜密，个头小小，不太自信；二女儿活泼，一双大长腿，却是个马大哈，总带着一种迷之自信。儿子幼时顽劣不堪，专门回家整治了几年，颇见成效。

说起来，其实我对大女儿愧疚多一些。这么多年来，我很少陪她。她从来没有叛逆过，即便是在众多家长苦恼的青春期。她不早恋，成绩优异，从来都是安静而周到的，缺乏她那个年纪女孩该有的鲜活。我知道我们这些年亏欠她一些情感上的陪伴。

我和先生当年一穷二白，不得不出去打工，把刚刚断奶的大女儿交给了公婆拉扯。我们第一次回家的时候，她已经快 4 岁了，躲在爷爷奶奶身后，不肯叫我妈妈。

她一直不是很喜欢我，即使到了 18 岁，对我也都一直疏离而礼貌。我有次问她：“你为什么不像弟弟妹妹一样和我们亲近呀？”她似乎愣了一下，眼圈一红很快又消散，就像从来没有变化过表情。她说：“我是大孩子了，怎么能像他们一样撒娇？”

她是个很懂事的孩子，从小比一般孩子会察言观色，那样子让人看得很心疼。她的成绩一直很好，小学毕业时考了镇上的第一名。我不顾她爸的反对，坚持要送她去县城最好的学校，她爸爸不同意，冷冷淡淡的。我一个人跑东跑西，最后终于找到考试选拔的机会，她也很争气，一下子就考进了尖刀班。但县城的学校离家真的太远了，她只能一个月回一次家，她租房子住的第一周，打电话回家，刚听到我们的声音就“哇”的一声哭出来了，我的心揪成一团。我经常给房东买很多礼物，希望他们能多照顾她。她每次回家，我都把瘦肉细细地切好炸成酱，让她带去拌饭。我害怕她在城里上学，因为土气被欺负，给她买的衣服都尽可能好。

一想到她小小一个孩子，独身在外，我就彻夜难眠。

我抓住她每次回来的机会，教她洗衣做饭，教她生理知识，教她在这个年纪不要谈恋爱。她初三那年又考去了市里最好的高中的重点班，离家更远了。高中三年，她依旧住校，一学期才回一次家。有时候我和先生依旧在外打工，所以我们和她聚少离多。

我们从未参加过她的家长会，也没有参加她的成人礼，她的绝大多数监护人签字都是她自己签的。我能感觉到，她离我们越来越远，身体和心灵皆是。

她上了大学以后，有时候要一年才回一次家。大部分时候她都跟我说她很好，可有次她情绪失控，哭了很久。我就知道，她只是很坚强、很体贴，她也希望能撒娇，只是她太多时候都一个人在外面了，已经不会向我们撒娇了，她只会静静地站在一旁，看弟弟妹妹闹。

我的二女儿，从小就超凶。我和先生在广州那边生了她和小儿子。她满两岁时，我们才回到老家。大女儿一直以为我偏爱妹妹，其实不然。二女儿长期在我身边，脾气又不好，公公婆婆都不喜欢她，她是第二个孩子，我先生也对她很冷淡，所以我只能多宠她一点。由于她比她姐姐待在我们身边的时间长，所以日常吵架很多。她脾气臭，又很爱偷懒，凡是她看不上眼的人，直接一个白眼就翻过去。不管对方是同辈还是长辈，只要惹到她，她就能对骂回去，“淑女”这个词，和她八竿子打不着。她长得很漂亮，我一直担心她被哪个坏小子骗走，所以一直不停地给她讲各种不要早恋的故事，幸好高中三年平安度过，我猜可能是因为她很凶，所以没有男生敢对她表白。我给她买衣服，往往都是那种随意打折的地摊货，因为她气场不一样，随意穿也没人能欺负她。

有大女儿的经验，二女儿的求学之路就清晰多了。她很喜欢她姐姐，几乎是踩着她姐的脚印，一步一步前进，甚至连初中和高中的班主任都和姐姐是一样的。她渐渐地也成人了，考上了大学，迫不及待想飞离。

她越来越不喜欢和我交流。时常是我说她两句，她马上就甩脸色，但是不管她高兴不高兴，该念叨的我还是要念叨。这个暑假，我特意回家就是为了纠正她的臭脾气，免得她这种性格在外面吃亏。填志愿以后，我们平均每天要吵一次，我经常被气到哭。说起来真是心酸。

不过好在她的倔脾气渐渐改变了一些，也算功夫不负有心人。

至于我的小儿子，我对他真是又爱又恨。我不否认当初生三个孩子是为了要一个儿子。

当年大女儿出生的时候，我的公公婆婆大半年没踏进我们家的门，说女孩子是腥臭的。在农村，一个没有儿子的家庭是很难抬起头的。我虽然不认可，但当时的观念确实如此。

我和先生常年在外打工，儿子不同于女儿的懂事，和一群狐朋狗友混一起，差点长成一棵歪脖子树。我和先生专门花了两年时间在家慢慢教，小儿子的检讨从客厅一直贴到厕所。每次他爸爸都唱白脸，我唱红脸。不过还是很遗憾，他错过了最好的学习时机，即使到现在，还是对学习完全不感兴趣，连高中都没考上。我们本想直接送他去当学徒算了，又想到他年纪小，放他出去更容易学坏，干脆送他读了职高，等年纪大一点，也懂事些。这两年，他在学校里学服装设计专业，在班上担任班干部，还获得了奖学金，为人处世各方面都进步了很多；还给我做了一条裙子，给两个姐姐也做了；厨艺也不错，鸡鸭鱼肉、萝卜青菜，他都能搞定。只要他两个姐姐没有回家，他就是一个贴心的小暖男，端茶送水、洗衣做饭，让我觉得简直太幸福！一旦他姐姐们回家，他瞬间变懒汉，还总是质问我：“你就是偏心她们！凭什么？”

我每次都笑着说：“对呀，我就是偏心我的两个宝贝女儿。”

他吃起醋来真是超级可爱。

其实我现在也看淡了，儿子成绩不好也没关系，毕竟他各方面都比同龄孩子优秀多了，只要他是一个正直聪明的人，我相信他以后会走出属于自己的路。

我想起我这前半辈子、我的原生家庭，很不幸福。当年，我不得不初中毕业就出去打工，在社会上奔波好多年，见过形形色色的人。我20多岁嫁给我现在的先生，慢慢有了三个孩子，这20多年，虽然辛苦，也欢喜。

我有好多梦想都夭折在年少时。我记得我曾经作文写得很好，英语拿了班上第一名，口才也是顶好的；我父亲的毛笔字写得很好，我也练了一手好字；我曾经还有一个很喜欢的人。只是这些都过去了。

有一天，我突然梦到我19岁时在火车站等的那个人。他穿着军装，从车上跑下来，立正行了一个军礼。他说：“报告，我回来了。”周围的人都在偷偷瞄我们。

我笑着笑着醒了，突然又哭了。我把这个故事讲给了我的大女儿听，她22岁了，还没有谈过恋爱，我希望她可以和自己喜欢的人在一起。

永不忘记，又永远沉默

叶梓　口述　王海燕　采写

性侵的发生和终结

我被雷劈了，读初中以前，我一直都是这么看待这件事的，我指的是性侵，但那个时候我还不知道这个词。我大概知道强奸的含义，但即使在心里面对自己，我也无法使用这么尖锐的词语。“被雷劈了”是我认知里为数不多的词，可以用来指代这件事，两者的相同点很多，比如同样置人死地，同样概率微小，同样带着某种重大的道德指示。

其实，我对这件事的记忆比较温吞和模糊，只记得大概是7岁的时候，小学二年级，季节已经比较模糊了，也许是夏天，似乎持续到秋天，但到底持续多长，我真的不记得了。记忆不是以逻辑形式留下的，而是以清晰的场景画面。

其中一个人是我表哥。我成长在重庆东北部的农村，爸爸兄弟姊妹总共6个人，成家后最远的两家距离也不超过1公里，是那种非常典型的农村大家庭。我是大家庭里唯一的小女孩，有一大串堂表兄，他们总是争着领我出去玩。

其中一个比我大4岁左右的表哥对我尤其好。我妈在我长大后跟我形容，他对我是“家里有好吃的，就会过来把我扛去他家”的那种好法。但她这辈子应该不会知道，后来这个表哥把我扛到了他家二楼的床上。他当时已经上初中了，在镇上寄读，周末才回家，而我还是个懵懂的白痴，谨遵大人的教诲，要听哥哥的话。

并不止一次，我后来回想，这件事应该可以随时停止的，如果我喊停的话。但真实情况是，我还蛮听话地遵照他的指示，裤子是我自己脱掉的，这件事在当时的我看来已经很诡异了，但我的身体的确没有受到伤害。

我醒悟得有些迟。事实上，同样在那段时间，我家的邻居，一个20多岁的待业男青年，频频用“巨款”也把我带上了床，“巨款”大概就是5角、1元。那时候我并不缺零花钱，我妈是那种怀孕时去县城上过胎教课，别具一格的农村妈妈。即使她后来出门打工了，在寄回的钱里，也有专门给我的零花钱，这些零花钱完全够我在同龄小朋友里摆谱了，她一直警告我和弟弟不要“见小钱眼开”。

但那个邻居的邀请里带有一种微妙的激赏。比如有一次，我和另外一个小女孩在他家里，那个小女孩也希望得到一个“机会”，他几乎用一种鄙夷的态度说：“你？”然后就把那个小女孩轰走了。那个小女孩的花裙子不如我的漂亮，平时总是拖着鼻涕，邋里邋遢的，即使在小朋友当中，也是不受待见的。看着她“悻悻地”走了，我感到某种似乎进入成人世界的虚荣。

事情很快发展到不可控制的地步，有的时候，他家里还有其他人，他也带我过去，去他家满是柴草、破棉絮和蜘蛛网的半地下室里。那间地下室一边靠公路，一边靠着田地，平时住着一个会到处晃荡的精神病人。从这间地下室开始，我感受到了极大的屈辱，但我似乎依然没有尝试过喊停止。我大概一直都知道这件事不好，但还是任由它发展了。也许那时候我会害怕他生气吧，我从小就被夸奖成是乖巧听话的模范孩子。

事情后来停止得比较偶然。那一次，是因为我姑姑就在地下室外锄地，我听见她高兴地和人打招呼，她的锄头扣进干燥的泥土里，发出有节奏的“嚓嚓”声。那个声音我现在回想起来，还非常清楚，仿佛就在我耳朵边上。这让我突然非常不舒服且恐慌。我第一次激烈地反抗了，当然被揍了一顿，没有揍脸，揍了肚子和胳膊，还被掐了脖子。我怕姑姑听到，疼得牙齿都快咬掉了也没有吱一声。一场嘴巴被封住的对抗。

那是我第一次受到了比较剧烈的身体伤害，但真正要命的是，我还得在那个猪窝不如的地方整理衣服和头发，然后笑着走出去。我从小就是一个自尊心非常强的小孩，这种屈辱完全突破了我的底线，让我几乎在突然之间天灵开了窍，顿悟般地意识到，我遇到了一件极其重大的坏事，比我曾经掉进粪坑差点淹死、考试拿不到第一名、跟我妈赌气假装喝农药，更重大得多。

我非常清楚地记得那次从地下室出来回家时，我奶奶在门口洗衣服，比我小两岁的弟弟看到我后立刻告状：“姐姐最近总是跟那个 ×× 一起玩，不带我。”我带着巨大的惊吓狠狠瞪了他一眼，然后被我奶奶以同样的眼神瞪了一眼。我不知道奶奶是看出了什么端倪，还是只是稀疏平常地警告我一下，我没法向她确认，她也什么都没问。那个眼神成了一个意义辽阔而无声的终结。

我再也没跟那个人和我表哥说过一句话，直到现在。

漫长的沉默

和大多有过类似经历的女孩一样，读初中以前，我一直笃定地认为，只有我遇到过这么糟糕的事情。真的太糟糕了，不是吗?

小学高年级的时候，有一两次，我听见奶奶和邻居谈起一些奇闻怪事，比如某个女孩子在油菜田里被糟蹋了，她们用的就是“糟蹋”这样的词语，就像庄稼苗子被野兽啃掉了，只能重新种一茬那样的糟蹋。她们当然认为野兽坏，庄稼苗子没什么错，但总归，这样的庄稼苗子废掉了，真是遗憾。

她们都是那种善良淳朴、廉耻分明的农村妇女，所以谈论这些事情的时候，总是有一种窸窸窣窣的偷摸感，然后在我靠近的时候戛然而止，生硬地扯点“今天早上吃的啥啊”之类的话题敷衍了事。但其实她们一点都不会撒谎，她们不知道，和所有小孩一样，我完全能够领会她们真正想要表达的意思，即使她们绝少谈起，即使她们欲言又止，我也看得懂她们脸上转瞬即逝的表情。我沿着她们表情的纹路，清晰地看到三个字——“天塌了”。

所以刚上初中，一些小男生给我写情书的时候，我感受到的不是少女的虚荣和羞怯，而是巨大的绝望，感觉自己配不上他们任何一个人。其实那时候我还没长残（开玩笑的啦），人缘不错，成绩几乎永远第一名，但我就是觉得那个巨大的秘密正在腐蚀我，我已经烂掉了。我听到“贱”这个字会默默地呆坐在椅子上。

然后到了初中三年级，有一天，我最好的一个朋友突然从自习室里把我拖出去，抱着我痛哭起来。那时候我们班上大多数都是留守儿童，但这个朋友不是，她爸爸是乡镇干部，她住在家里，如果晚自习放学太晚，她就不回家，而是去她家旁边她爸爸办公楼的宿舍里睡觉，她的一些男生朋友也经常在那栋楼里出没。她告诉我：“本来挺好的一个哥们，平时也一起玩，那天玩得太晚了，结果他把灯一拉，就出事了。”

我当时非常惊愕，她是那种很凶的女孩，穿很酷的运动套装，头发和男生们一样长，也和男生们一起玩，随时都敢扇人巴掌，简直有种中华田园少年黑帮老大的气质，因为看起来不服管教，家长和老师们都对她头疼不已。从表面上看，她和我是完全相反的女生，但她居然被强奸了，并且同样不知所措，同样崩溃到痛哭流涕，同样觉得自己完蛋了。我突然意识到，她根本不是什么少年黑帮老大，她依然只是个小女孩。

并且当时她还有非常切近的忧虑，她害怕自己怀孕了。我们都没有怀孕的系统知识，只模糊地知道怀孕这件事的前因后果。我们俩当然都吓坏了，除了在惊恐中痛哭和等待，完全没有想到任何解决办法，无法采取任何措施。但我们互相都心照不宣地知道，这件事不能告诉任何人以寻求帮助。幸运的是，她没有怀孕，秘密没有暴露。我们俩依然是好朋友，也再没有谈起过这件事。

但秘密被隐藏并不等于消失。读高中后，这个秘密在我心里不断发酵。高中二年级的时候，我的同桌给我听了一首吴虹飞的非主流歌曲，歌曲描述了一个女孩子被强奸后自杀的故事，我听完立刻崩溃了。症状就是不说话，连续几天一句话都不说。

我当时是课代表，去教师办公室领作业本的时候都不喊“报告”，但老师们并没有发现异常，只有我的同学们觉得莫名其妙，不知道我怎么了，拼命逗我说话。其实，我平时是一个非常闹腾的女生，被形容为“笑起来楼都要塌了”，但那几天我一个字也说不出来，就好像一开口，秘密就会自动喷口而出，我要像缠上胶带那样封上嘴巴。

后来，我看了挪威作家尼尔斯·弗雷德里克·达尔写的一本小说《去朋友家的路上》。这部小说描述了一个小男孩被性侵后，形容自己的嘴巴如同被封住了。于是我发现，原来全世界的小孩都一样，都懂得要绝对沉默这个真理。

但独自承担一个还在不断发酵的秘密是一件非常艰难的事情，所以我把这个秘密写进了日记，结果还是惹来了麻烦。当时我有一个从小学就非常好的朋友，在县城另外一所高中上学。周末她来看我，我不在宿舍，她就在我的座位上顺手翻出我的日记本，然后顺手打开看了看。等我回到宿舍之后，她已经离开了。

我看着被动过的日记本，立刻疯了，逃课在宿舍里痛哭流涕，逼着另外一个好朋友半夜把当事人拎到我面前，跟我道歉，发誓她什么也没看到。其实我后来发现，即使她看到了那则日记，除了知道我遇到了某件非常糟糕的事情以外，连基本信息都得不到。因为觉得实在太羞耻了，我根本没法使用正常的词汇把这件事情描述清楚，只是一堆啰里啰嗦的抒情而已。所以我怀疑她其实到现在也不清楚到底是什么事情，但我又不可能去跟她确认和解释，对吧？

这一次因为情绪过于反常，也惊动了我常年不在身边的父母，他们似乎隐隐觉察到了什么，在电话里拼命逼问我，是不是小时候被谁欺负了。我当时已经在崩溃的边缘，但最后还是守住了防线，什么也没说。对那个时候的我来说，这是一场战争，守住秘密，自损八百，守不住，双方各损八千。

但从那过后，我的确意识到，我需要倾诉，秘密本身也是灼烧人心的一部分。

人群里的相似者

那时候我也偶尔上网，但并没有想到过在网上倾诉，我不相信陌生人能够给我带来安慰，更不信任网络的隐秘性。直到那时，我依然认为童年被性侵是一件发生概率极其微小的事情，所有人看上去都非常正常。

那次情绪崩溃没过两天，我就告诉我最好的两位朋友了，我绝对信任她们，这是我第一次尝试完整地向别人描述我到底遇到了什么事情。但就像日记所体现的，新的问题来了，虽然当时我已经高三，语文考试常常全班第一，却根本不知道如何恰当地描述一场性质恶劣的性侵。除了色情意味浓重的粗俗俚语以外，我没有任何有关私密部位和“性”的词汇量，只记得托尔斯泰的《复活》里用过“诱奸”这个词，这个词似乎比较恰当，但我总不能真的这么说吧。

后来，她们告诉我，我当时说得断断续续、七弯八拐，简直像在说梦话。所以实际情况是，我以为说清楚了，可她们连时间、地点、人物这样的基本信息都没搞清楚，只是连蒙带猜地知道我可能遭遇了什么事。但我非常感谢她们，她们听得云里雾里，却一个字也没有逼问我，她们只是一个人沉默地抱着我哭，另外一个则告诉我，她读小学的时候，班上有个女孩子被高年级的男生欺负了，全班都知道了，从此活在所有人异样的眼光里。我想："天哪，所有人，如果是我，大概会去自杀。"但她说那个女孩子没有，我觉得好多了。

这件事还给了我一个重大的启示，那就是我并不是被雷劈了，雷劈的命中率不会这么高，我的身边一定还有其他人遇到过这种事情，她们只是像我一样从来不说。后来经过谨慎地试探，我在身边的朋友中又发现两个女生也有过类似的经历。

她们是性格完全相反的两个人，其中一个是那种朴素的高中女生，微胖，戴着镜片很厚的眼镜，沉默寡言，性格孤僻，有一种纤细的文人式敏感。她告诉我，她小时候被自己的表哥猥亵过。她是在上大学后某一次 QQ 聊天时告诉我的，当时我们好像是在讨论一本小说，我先说，她后说。

另外一个则相反，是个非常活泼的姑娘，漂亮，高中就去烫头发了，学习一度也很好，非常热情，是班上民主选举出来的团委书记。但也许是因为长得太漂亮了，她小的时候被亲戚猥亵过，高中后又被同年级的女生带出去，当着那个女生的面，遭到社会青年的轮奸。我们是在某次喝醉后互相坦白的，还是我先说，她后说。但这一次我被震惊得更多，因为她遇到的事情实在太糟糕了，而我们学校还是全县最好的高中。

我不知道她们分别都是怎么度过自己漫长的独守秘密的生涯的，但我可以确定，除了我们互相简略的倾吐以外，她们没有告诉任何人。

那时候我还默认，一个秘密一定能够交换到另一个秘密，如果对方也有的话。但过了很久，久到我们可以以一种学术的口吻谈论儿童性侵话题时，那个曾经一言不发抱着我哭的朋友告诉我，她被自己的亲哥哥性侵数年。结束也是因为一个偶然的契机，被她表弟撞见了，在亲戚聚会时懵懂地嚷了出来，可他嚷了一半就被喝止了。后来，这件事再也没有发生过。她不知道她的父母后来是否制止过她哥哥，但全家人都没有再谈起过这件事。我则终于明白了她对她哥哥奇怪态度的根源。她比我的嘴更紧，也许是她的痛苦更剧烈，就像我没有向那个有类似经历的初中朋友倾诉一样，这里有一个奇怪的等级序列。

倒是后来，上大学后，我和那个漂亮的高中女同学，还有一帮同班男同学喝酒。我已经倒下了，看起来大概是人事不省的样子，但其实我的意识还挺清楚。我听见她对一个喜欢了我很久的男同学说："她真的是一个很好的姑娘，真的。"然后又强调了很多遍。不知道为什么，她的语气让我一个激灵地醒悟到，她说的"很好"，完整的意思是"她真的依然是一个清白的姑娘"。

哦，清白，这是悬在每一个幼年被性侵过的孩子头上的达摩克利斯之剑。

被猥亵的男朋友

后来从我交男朋友开始，出于一种奇怪的洁癖心理，我都会在关系开始不久后就告诉他们这件事，他们的反应非常有趣。

其中一个男朋友是我的高中同学，也是一个小混混。我告诉他后，他也许是觉得必须要表明一下态度吧，所以他挺认真地问我："要喊兄弟一起去把那个人揍一顿吗？"我犹豫了一下说：

“再说吧。”其实我的真实想法是，干脆砍死算了。当然，这件事情后来不了了之，因为我们非常快就分手了。

不过砍死那两个人的想法是真的，大概是上大学前后的一段时间，我非常认真地设想如果弄死那两个人怎么样，为此还重读了一遍福尔摩斯探案全集。复仇其实只是比较微小的一方面，更重要的是，想到这个世界上除了我极其信任的朋友以外，还有两个烂人也知道这件事，我简直如坐针毡。

上大学后有几次我回到老家，还碰到过那个邻居，我们当然没说话，我看到他一如既往地立刻避开了，有时候我都怀疑他已经忘记这件事了。但我总感觉能从他的眼光里感受到一种强烈的被猎取感，我觉得屈辱、恶心和恐惧。

我还有一个男朋友试图带我去看心理医生，但后来我们也很快分手了，所以再次不了了之。但最令我意外的是在北京交往过的一个男朋友。我和这个男生交往的时间也很短暂，他是个程序员，爱好摄影和马拉松，经常做义工，性格也很开朗，读大学的时候搭车旅行还被采访过。总之，他看起来是一个生活积极、工作优秀的新青年。

因为这件事确实给我造成了一些处理亲密关系上的困扰，所以秉承我一贯的原则，觉得这件事无论如何也要说清楚吧。让我大吃一惊的是，听完我简短的说明后，他挠挠头，不好意思地说："既然你这么信任我，我也坦白吧。"

接着他告诉我，他读初中的时候被自己的亲姐姐多次猥亵，他姐姐多次趁他睡觉时拉开过他的裤子拉链，用手玩弄他的生殖器。每一次他都假装睡着，但其实他每一次都清清楚楚。他躺在那里，恶心得想吐。他从来没有跟人说起过这件事。

我不知道这是否给他造成了什么影响，但他的确有比较严重的抑郁症。这件事给我带来的震惊不亚于初中时，好朋友在我面前痛哭流涕。因为他是男生，并且来自另外一个相对发达的北方省份，而不是我那民风清奇的西南老家。

于是，我哭笑不得地发现，光我身边就可以形成一个样本丰富的受害者生态群了。直到那时，我才开始认真地审视，我和我周围这些沉默的朋友其实并没有什么绝对的共同点，我们曾经有的是留守儿童，有的是父母亲自教养；有的在偏僻农村长大，有的一直身处大城市；父母有农民和打工者，还有公务员和成功商人；有的家里鸡飞狗跳，也有的家里幸福和睦；有的人调皮捣蛋，也有的听话温顺；有美得闪闪发光的，也有相貌平平的。

如果一定要说大家有什么共同点，那就是我们身边都有激素旺盛蠢蠢欲动的青春期少男少女，都有癖好奇特的成年人，他们的手伸向我们时，我们要么懵懂无知，要么无力反抗。我们的父母师长营造了一种无处不在的氛围并暗示我们，如果被伤害，我们就成了被丢弃的破布娃娃。但从来没人告诉过我们，要小心什么人，要小心哪些行为，要如何喊停。我们被伤害完全不是被雷劈中了，而是带着巨大的必然性。

我今年26岁了，在外人眼里非常顺风顺水，一路都是好学生，一路顺利升学，一路顺利地从重庆老家来到北京，有一份还不错的工作。如果从表象上看，我应该是一个没有任何受害特征的女生，甚至还谈过几次正常的恋爱。我的那些朋友们也是，有当老师的，有在电视台做编导的，有做翻译的，也有做普通白领的。

我已经足够幸运，知道自己不孤单，但这并不是一个真正的联盟，总不能定期开个互助会、讨论会什么的吧。我真正获得谈论性侵这件事的能力，几乎是在工作好几年后才具有的。我在大学时就从理论上毫不动摇地确证了，在对等的爱的前提下，性是一件美好的事情；而性侵儿童是一种确凿无疑的违法行为甚至刑事犯罪，受害者无辜，污名化者可鄙，身体贞操观不值一驳。

但现实远更复杂，真正的自我意识重建是远更艰难和漫长的事情。我们无法真的像谈论被狗咬了一样谈论被性侵。我曾经在网上看到过一条给被性侵者的建议，建议者告诫被性侵者，永远不要对任何人，尤其是熟人说起这件事。从某种意义上，这的确是一种有效的自我保护，但如果幕布不被撕开，这种保护注定也是脆弱的。

有时候我想，如果对性侵的谈论禁忌是一场社会学实验，那真是太成功了。围观者扭曲的性道德和沉默完美地耦合，筑起了一道困住受害者的围墙。假如人群中有一半孩子曾被性侵过，那另外一半人一定以为这个世界上从来不存在这样的事情，而那些被伤害过的一半人中的每一个则会以为，只有自己是唯一被困住的。绝大多数人，永远不会有机会看到，浓雾之中，咫尺之内，遍地都有小孩被困在围墙里了。

有一件事，我倒觉得可以提一下，那就是在我能够正常谈论性侵这件事以后，我从内心里真正原谅我的表哥了，他曾经也只是不谙世事的青春期男生，没有人教导他到底应该如何正确对待自己的身体和更加年幼的我，他不一定真的想过要伤害我。我不会接受他的道歉，但我的确原谅他了，我希望他早就忘了这件事。至于那个邻居，在看到他的时候，我还是挺想砍死他的。

和解：妈妈和女儿

遛遛

20年前，舒进的妈妈晓倪43岁。她万万没想到会遇上开完家长会后与女儿“男友”的母亲见面这种事。

妈妈

那天傍晚，两个女人从教室走出来，在教学楼前水池边的树荫下相遇了。对方和自己年纪相仿，她们主动介绍了自己，友好地笑笑。晓倪的敌意立即无法掩饰地升腾起来。她瞬间察觉到，对方那一笑里有种她根本不可能有的轻松。怎么可能轻松？这段时间她全是担忧，忍不住想对女儿严密监控。舒进逃避、叛逆起来，过去母女间无话不说的亲密关系陷入僵局，事态一步步失控。对方是来结成不让早恋进一步发展的家长联盟的，还是并不操心（这在晓倪眼里是胜利者的姿态），来告诫自己“不要过度干涉”之类的话？

对方已经开始说起儿子了，以那种谈起孩子惯常的怪嗔、自嘲里实则暗藏引以为豪的语气。舒进的成绩一直在年级里拔尖，那小子过去在校篮球队很活跃，最近成绩直线上升。晓倪事后和丈夫讲起那次相遇，对方的话她一句都懒得复述。她只说了两句，第一句是“养儿的，她当然可以无所谓”，还有一句是“瞧她那副牙齿，全都变形了”。

晓倪意识到，自己居于弱势地位。这种弱势最初是她想象出来的。养女儿的人，知道承受早恋可能产生的恶果，在生理上不可避免地受到伤害的只能是女儿，身体上的伤害进而会导致心理创伤。现在，她的想象轻而易举地被现实验证。养男孩的人在早恋这件事上和自己不在一个战壕里，有些甚至会故作开明地说“早恋不一定都是负面的，孩子更有动力学习了，成熟了”。真是无稽之谈。

晓倪是个能干的女人。她先生体弱，曾经重病一场。她既要照顾男人，又要工作养家，还要带大舒进，她退休的父母帮衬她。她在事业上相当出色，不断进取，待女儿睡着后总是攻书到深夜，成了一位内科主任。这些经历让她变得更要强了。丈夫对此也许有想法，但他的状况让他默认了家庭里的这种趋势。

晓倪恪守着婚姻的传统道德，对家庭的所有成员都负起责任。最困难的时候，身边不是没有想法更活络、更自我一些的朋友劝过她考虑新的生活，但她把忠诚看得很重。在她三四十岁的时候，周围朋友的家庭其实不少在悄悄发生着剧变，换工作、搬迁、下海经商、背叛、离异……变革时代冒险的通常是男性，他们改变了际遇。她有时会在饭桌边和母亲叹息，忠诚的男人是罕见的。

晓倪期待女儿的性格能强壮坚韧，而不是纤细柔弱。后者是文学作品里男人爱慕的理想对象。她年轻时也是个文学青年，但生活经验让她明白，那种女性形象是习俗陈规，是过去延续下来的语言和文化的发明，她拒绝把这种发明套用在自己身上。她时常对女儿说："我们并不生活在故事里。"在现实生活里，她知道一个普通女人为自己的生活需要付出什么。她很愿意鼓励女儿的"男孩子气"。

她很多次向舒进回忆，有一次下班，她骑车经过女儿的学校，看到她正在操场上打篮球，"汗水直流，右手拍着球，左手在脸上不住揩汗，一揩一道黑印，一会儿就成了小花脸"。那是她觉得女儿特别专注可爱、不拘小节的时候。她的确曾经秘密地希望有个儿子，作为女人，她生活得不易。现在有了女儿，她希望女儿能有男孩子的自强品性。

现在，这个像男孩一样长大的女孩竟然恋爱了，性别差异还是不可避免地横亘于前。她不知道这一切是如何开始的。舒进上的是寄宿学校，每周五下午回一次家。连着几个周五，她都没有准点回家。晓倪就去学校接女儿。她穿过空荡荡的校园，来到空荡荡的教室，透过门上的玻璃框，看到舒进和一个男生坐在一起。她问女儿怎么回事，最初表现得像个打算和女儿推心置腹的过来人。

过去女儿对她很信任，几乎无话不谈，就如实相告。她说了一番老生常谈的话，诸如现在还不是谈恋爱的时候，他们可以做朋友，但不要越过情感和身体的界限之类的。她是个医生，谈论身体从没有什么禁忌。但面对女儿，她很犹豫是否应该和女儿讲性方面的话题，诸如避孕这样的事。

20 年前，性是羞于启齿的话题，更重要的是，她不想鼓励女儿去做任何尝试。她这一代人还和之前所有时代的中国女性一样，“贞洁”仍然是个通过各种故事的演绎贴在人们观念上的咒符，被社会文化定义为一种女人的美德。它让女人对性怀有一种深深的羞耻感。女人的身体在性关系中是“献出”的，要不就是被男人“占有”的，而不是居于平等的地位；失去“贞洁”，女人的价值在那一套普遍的话语系统中就像贬了值。

不可思议的是，性却被极度神圣化。一个女人和男人有了性，她就“委身”，从此身心都忠于男人了。这是她最担心的问题。可她委婉曲折说出的话却是，“一个女人要有自尊”。她和女儿由此发生了冲突。女儿不明白，和一个互有好感的异性建立亲密关系，为什么就是“不自尊”。她受不了母亲无端指责自己恋爱是“令人羞耻的”。什么都没有发生，母亲就已在想象中写好了她的老套故事。

晓倪无法以公开谈论的方式疏导女儿早恋的隐忧，只好围堵防范。平时他们住学校里，班主任已下决心，一定严加教育监督。他们的座位调开了；课间他们如果待在一起，老师会提醒；夜间下晚自习，老师会打着手电筒到操场上“清场”，早恋在寄宿学校不是孤例，而是现象；班级生活会上，高考的重要性和校风校纪被反复重申。

一到家长会，晓倪就来和老师沟通女儿的情感状况，连男孩某天中午在从教室去食堂的路上又来找女儿说话这样的事，她都了如指掌。舒进的成绩依旧优秀，她不好每次都公开挑起这件事，就转入暗中观察。周末，舒进和朋友骑车出去玩，她目送他们好几个同学一起出发，估摸着中途女儿会和他独处，一到太阳落山，就搬把凳子坐在院门口，守候女儿回来；要是碰上他单独送女儿，那就把两人好好教育一番。

有一次他们真的独自推着自行车出现在深夜 10 点的昏黄路灯下。她等得心焦，涌起一阵怒火，站起身来。还没等她开口，男孩极为自信地先向她问好，向她汇报他们一天的行程，语气正常得令她后背发凉。她用听起来虚假得过头的柔和语调说，要早点回家，不要让父母担心。他们都使劲儿点头。

过去女儿对她没有什么秘密好隐藏。现在，女儿有时会把卧室门关起来，独处很长时间，有时深夜，门缝里也会透出女儿卧室的光亮，长久不熄灯，不知在做什么。晓倪多次观察，发现女儿在写日记，日记本上有一把小锁。

她有些慌了，看来女儿投入了感情。她自己的，还有自己母亲和女友们的经验告诉她，女人一旦投入爱情，要保持独立性是很难的，她们有一种付出和取悦于人的天性，这让她们在情感中不像男人那样容易抽身。她不知道“付出”和“取悦于人”是她们基因就设置得如此，还是因为她们自生下来就浸泡在将她们这方面的天性调频放大的语境和氛围里。守候的总是女人，她自己也或多或少按照这种规训活着。

她有很多想和舒进交流的东西，但女儿有了隐私，不再像过去那样与自己无话不谈了。后来，她偷窥了几页女儿的日记，得知了女儿情感的热烈程度。虽然在她看来，那情感还缺乏生活历练的深度。奇怪的是，她第一次感到，女儿在这个时候具有了某些女性的特质。虽然女儿从生下来就注定是女性（如果不用今天更多元的性别观念来看的话），但当她读到女儿知道自己可能会面临危险和不幸，却并不打算逃脱爱情时，她感觉到了某种不同的东西。

她回想起和男方母亲的那次相遇。女人和男人至少现在仍是不同的，这还存在于他们母亲的潜意识里。

女儿

青春期是从什么时候开始的？大概是在上初二的时候，舒进从教室后排被调到了前排。一个同学拍了拍她的肩膀，她转过身，接到一张折得很严实的纸条。她心跳加速，不知这会是什么秘密，也许是她一直无意识在等待却又告诉自己不要妄想的东西。她打开纸条，上面写着“你不该再长胖了”。她感到羞耻，如芒在背，身后仿佛有无数双眼睛聚焦在后背上，像无数个探照灯灼得她发烫。

署名是她的好友，一个帅气的男孩。他们原来坐前后桌，无话不谈。曾有一次晚自习停电，大家点起蜡烛来。教室里整整齐齐的都是罩着一层朦胧光环的烛光。那个男孩隔着光晕注视了她一会儿，说了句“你很好看”。无意的一句话，却在她心里荡起一阵涟漪。

她有时想，为什么对容貌的称赞对女孩来说显得这么令人愉悦。从小，她们就用更多的方式来装扮自己：辫子的几十种编法、各式各样的发饰和花裙子、洋娃娃的外套、妈妈的口红和高跟鞋……不知是不是男孩子的身体本就单调一些，他们没有受到装扮自己的诱惑，而她们最初的愉悦，就来自对着镜子把自己打扮起来。

童话故事和小说里，总是有丰富的语言来描述女性的美貌，事无巨细地刻画她们的妆容、衣着、指甲、手腕乃至脚的小巧。有哪一个作为主角的女性出场时，只有一幅罗丹的巴尔扎克雕塑那样的肖像画吗？她一时想不出来。而男性只需要一个轮廓的素描就好了，他们在各种建功立业中展示了自己的品性。

反过来，女人这方面的品性，诸如智慧、勇气、韬略、冒险精神，却很少得到描绘。她很喜欢花木兰的故事，但那只是一个故事，而不是一个女人的一生——你倒是可以用男人成就的事业作为他的墓志铭，概括他的一生。花木兰的容貌没有得到描述，很可能是因为这个故事里没有爱情；只有在一个女英雄的故事里，容貌才不是那么重要的特征，但这注定只是花木兰一生的一个片段。

所以在收到那张纸条时，她的头脑一片空白。她的确越来越像个男孩了。从小学起，她不再把时间大把大把地花到扎古装头型、偷偷擦脂抹粉上。她开始学钢琴，参加华罗庚数学班，参加篮球队。她当了班长、中队长、大队长，常常要管住那些淘气的男孩。她身上的另一面天性不知不觉得到了发展。

她有些仗义，率领本班男女生和隔壁班男女生打过一次群架，作为主谋人员被集体在讲台上的黑板前罚站，面壁思过；她参与了若干项冒险行动，其中包括翻过教室后面竖满尖玻璃片的高墙帮同学捡掉落的鞋子。

到了中学，她的成绩仍然很好，数理化分数也领先；她学得轻松，闲暇时间喜欢参加班上男生组织的乒乓球赛，球风奔放，男同学都叫她“老大”；就连吃饭也越来越像男生了，都在食堂里吃，她饭量大，吃得快，吃完了一份有时还和其他男生一样添一份。

青春期在这时悄然而至。她第一次意识到需要控制自己的身体，也第一次意识到灵与肉以令她手足无措的方式发生了分离。和自己身体相处的这部分意志和学习所动用的那部分意志显然属于不同的空间，她开始寻找过去不曾存在过的和自己相处的方式。童年时跑去女伴家摆弄那些塑料花头饰时的意识，在被遗忘了若干年后，又苏醒了过来。当她开始发育的时候，她看着自己的胸部逐渐隆起来，觉得害羞，开始弓背含胸，好像这样就能掩饰胸部的变化。妈妈给她买了胸罩，她只希望能够固定住，不要颤动就好。

妈妈跟她说“自信，昂首挺胸”，但这只是一句说教、一句口令，自信需要源泉，她不知道源头在何处。她的母亲和外婆总对她说：一个女孩需要内在的美德，不需要花枝招展，也无须按照男人的眼光和期待活着。她同意她们，以至于把打扮视为一种讨好，是一种女人的羞耻。她尝试戴过一次耳坠，连一向不对她的着装发表评论的父亲都开口了："这样显得招摇，取下来吧。"她努力让身体不具任何挑逗性，僵硬得像一尊石像。

当她开始控制食量和跑步时，晓倪开始担忧。晓倪苦口婆心地劝说，发育期不能少了营养，不要节食伤了身体。每次回家，晓倪都准备不少好菜和点心，反反复复劝舒进多吃。但舒进不愿意吃，她们为此争吵。晓倪总是会抛出一个问题："你究竟是哪里不自信？胖怎么了，胖也可以自信。自信是由内而来的。"但她始终觉得缺了些什么。

妈妈所说的自信就像虚幻的空中楼阁，至少她现在还找不到通往那里的途径。从此妈妈就开始在她耳边就这个问题唠叨了下去。此后20多年里，每当她瘦下来一些，妈妈就开始唠叨着劝她多吃；她知道妈妈在饭桌上不再唠叨的时候，一定是她的体重又反弹不少。

直到17岁时，她开始恋爱。妈妈不知道这一切是怎么发生的，她回想起来，可能就是那种作为一个自己想象中的女性被欣赏的感觉。开始有人因为她偶尔不再穿单色运动服，而是换了浅蓝色的帽衫或白色的风衣而称赞她，也开始有人送她粉红色的、天蓝色的小书夹和发卡。她已经快忘记自己身上还有什么性别特征了，但他总是在很微小的地方提醒她，“这很温柔”，“很有味道”。

女孩容易跌入语言的蜜淖里，大概是因为她们迫切想在那样一个词语的世界里去想象、做梦和重新发现自己。她想变得美一些，有味道一些，开始觉得异性的欣赏也不尽然是令人羞耻的。这些在她那个年龄的公开价值系统里是不被鼓励的追求，是来自她内在天性的。只是有时她也会有些茫然和不快。比如过去她总是第一个交物理和数学试卷，还常常是满分。但有一次大家都快交卷了，她的最后一题还没有做完。他跑过来看着她，带着一点故作鼓励实则掩饰不住胜利的表情，说“我已经交了，别着急”。她觉得自己根本不需要他来表达同情，她知道这是分心带来的影响。

她一直不知道自己逐渐进入近似恋爱的心态时体会到的那种“缺失”的感觉是从哪里来的。这可能是一种天生的感觉，不知是不是还在母亲肚子里时就已存在，后来再次被唤醒。本来以前觉得自己浑然一体，却突然因为一种感情，让她意识到过去原来缺失了某种东西，而现在因为发现了它才领悟过去的缺失。

后来，她学到德语里表达“我爱你”的方式，这一个非常恰如其分的微妙表达——du felhst mir，大概是说“你让我感到缺失”。这也是一种危险的感觉。她有时读到小说里女人绝望的歇斯底里，很有共鸣。爱丽丝·门罗在一篇小说里准确地描述了那种感觉：女人往往是在选择生存而放弃胜利（有时这意味着死亡）的时刻，才具有了女性的特质。

她明白妈妈当年并未明确表达过的担心，对性有一种根深蒂固的戒备。直到进了大学，来自天南海北的宿舍舍友在夜谈时对“贞洁”这个观念提出了质疑。一个女孩说：“这显然是一种不平等。为什么男生不存在贞洁的约束？更何况女孩会留下物理证据，男孩什么证据也不会留下。”所有人都赞同这是一种不平等的约束。另一个人说：“如果是平等的，为什么女人不能享受性？为什么我们得为它感到羞耻？为什么有了性要意味着那么多神圣的责任？”对年轻的她们来说，这道理简洁易懂，但当年大家都没有如此想过，也根本不敢想。

她知道妈妈动过她的日记本。她不喜欢自己的隐私被窥探，但也未曾言明过。但当面对母亲时，她始终会有羞耻感和不信任感，后来这种羞耻感逐渐消退，剩下的是不信任。

直到 20 多年后，她也成为母亲。晓倪告诉了她看到了日记时的一个女人的心情，她停止了与母亲的战斗。

黑森林蛋糕上的樱桃

程玮

很遗憾，我没有女儿。

但是，在我的心里，永远住着一个女儿。

在不同的生活阶段，我对心中的这个女儿有着不同的期待，但有一个期待始终没有改变，并且始终位于第一，那就是：美丽。我想，这是因为中国文化对我根深蒂固的影响。在中国的传统文化中，女性的美貌是可以倾国倾城的。从“杨家有女初长成”到“冲冠一怒为红颜”，这些故事和传说告诉我们，一个普通的女孩子，可以凭借美貌为自己的命运，甚至为整个家族的兴衰翻盘。而我则相信，一个美丽的女孩子可以得到这个世界一份额外的呵护和温情的对待。一个聪明的女孩子如果有美貌相助，就像远航的小船插上了风帆，可以驶得很远很远。

直到有一天，我结识了一位女孩子。那时我还在德国电视二台做纪录片制片人。有一次做回国拍摄前期准备，在报来的摄制组名单里，摄像助理是个女人的名字。我吃了一惊。一个摄制组里可以有很多女人。但摄像助理永远应该是男人。摄像助理是摄制组最苦的那一个，他的工作是帮摄像师扛三脚架、拿摄像机、背摄像包。晚上大家睡觉时，他还得负责给电池充电，一夜起来好几次。干助理的一般都是结结实实的小伙子。

我考虑再三。如果我们固定在一个城市拍摄，我可以给这个女助理再找个助理扛东西。但我们去的城市比较多，不可能在每个城市都帮她找个助理。我给导演打电话，问他是不是必须用一个女助理。他说这是摄像师的意思。这女孩子刚刚学习结束，她学的就是摄像助理。导演说，如果他提出异议，工会马上就可以告他歧视妇女，一告一个准。既然这样，那我这个妇女就更不能歧视妇女了。但是我说，如果一个女孩子背着摄像包，扛着三脚架，我们都会于心不忍，到时候是帮她还是不帮她？导演沉默了一下，说：这是她的工作，大家各司其职吧。

见到女助理的时候，我大吃一惊。这是个金发美女，属于绝色的那种，明眸皓齿，顾盼生辉。最可贵的是，她很率真、很自然。碰到应酬的饭局，不管什么人给她敬什么酒，她总是爽快地一饮而尽。街拍的时候，她背一个沉重的摄像包，扛一个三脚架，跟在摄像师后面在人群里挤来挤去。连我这样打定主意各司其职的人都看不下去，忍不住要去帮她一把。但她总是笑眯眯地谢绝，说她扛得动。

有的行人看不下去，出来打抱不平，说不是外国男人都是绅士风度吗，怎么让这么一个美女扛东西？还有一次，一个中年男人跟了我们好几条街，最后偷偷把我拉到一边说："帮一个忙，你跟她说，让她嫁给我，我不会让她吃这样的苦，我会把她供起来，她想吃什么就吃什么，想干什么就干什么。"

后来，我把这件事告诉她。她嫣然一笑，说她一直吃自己想吃的东西，干自己想干的事情，哪里用得着一个男人来帮忙。她说她当然不会一辈子干这一行。她现在年轻，没有钱，只是想借助这份工作，出去周游世界。

我很有感触。以她的美貌，她完全可以嫁个有钱人，乘坐飞机、游轮，风风光光、漂漂亮亮地出去周游世界。可她完全没有这样的思维。我也很惊叹。我，一个在海外居住了几十年的中国女性，寻寻觅觅，兜兜转转，对女人的认知竟然还停留在原点。我和大部分国人一样，认为一个女孩子如果生得美丽，就天生具备了少干活多挣钱，或者是不干活也有钱的资本。说得再直白一点，那就是女性的美貌是有价值的，它可以跟金钱，跟权力，跟一切做交换。

这个在德国黑森林里长大的女助理，从来没有被灌输过这样的观念。她说，她的父母一直告诉她，女孩子的美貌就像黑森林蛋糕上的樱桃，它能点缀装饰蛋糕，但跟蛋糕本身的质量没有什么关系。她的父母亲人、老师朋友，也很少夸赞过她的美貌。所以，从小到大，这女孩子一直知道，她的人生需要她自己的努力。在选择生活的时候，她从来没有考虑过用自己的美貌作为筹码。

相处熟悉后，我私下问她有没有经历过男性的非礼？也就是现在我们经常说到的“Me Too”。她说，当然。可是，她从来没有过一丝的恐惧，因为她是自由的、独立的，不需要看任何人的脸色，她会底气十足地跟那些人大声说“不”。

时光流逝，世事变迁。我想，在今天的社会里，我心中的那个女儿，应该是一个人格和经济都独立的、心灵和思想都自由的、开朗勇敢的女性。

至于美貌，确实也很珍贵。但它只是上天赐予的一份额外的礼物，是黑森林蛋糕上的樱桃。

李亚鹏：李嫣成长记

李亚鹏 口述 驳静 撰写

李嫣 12 岁，家庭成员有：爸爸李亚鹏，妈妈王菲，姐姐窦靖童和奶奶。

李亚鹏 1971 年出生在新疆乌鲁木齐市矿区，他的微博名“一号立井”正是他从小生活之地。他 18 岁考入中央戏剧学院表演系，最初获得广泛认知是在 1998 年。当时，张一白导演的 20 集电视剧《将爱情进行到底》在央视播出，青春、梦想和爱情，三大元素让此剧风靡一时，主演李亚鹏也因此成为偶像。13 年后的 2011 年，电影版《将爱情进行到底》上映，描述李亚鹏和徐静蕾当年在电视剧中饰演的男女主角 10 年后的故事。这也成了李亚鹏迄今最后一部电影作品，主题曲《因为爱情》由王菲和陈奕迅合唱。

之后，李亚鹏几乎退隐影视圈。他创立“嫣然天使基金”

帮助唇腭裂患者，做“中国书院”项目推广传统文化，偶尔出现在新闻中，多半是因为女儿李嫣。

2006年5月，李亚鹏与王菲的女儿李嫣出生。孩子患有先天性唇腭裂，王菲怀着她5个月时，已查出先天病症。二人最初小心翼翼地守护这个秘密，如同日后小心保护女儿。李嫣一度在公众视线之外，直到几年前，才由李亚鹏和王菲发了一些照片。

三年前，李嫣的一组视频在网上流传，视频源自李嫣本人的美拍账号。她上传的美妆教程和明星模仿秀等自拍内容，其实都是时下流行的，但了解前因后果的网友还是会感慨，没想到李嫣长这么大了，而且纯真开朗，虽然面颌部分修复尚未完善，但看起来没有给她带去哪怕一丝阴影。

李嫣之前的第一成长环境中的成员包括姐姐窦靖童、奶奶以及李亚鹏的侄女。李亚鹏和王菲离婚后，李嫣跟父亲同住。抛开这个家庭的公众属性不谈，“单亲家庭”这一描述也许仍不适用，因为女性家长身份从未有缺失，一方面当然是因为李嫣父母一直保持良好关系，另一方面也是因为奶奶一直都陪伴孩子左右。

但作为一名父亲，李亚鹏仍面对挑战。怎么样让一个女孩接受自己的不完美？他的教育方式有何特别之处？听李亚鹏自己讲述。

“有时候我觉得自己真的是完美的”

你刚说起的嫣儿（李嫣）美拍视频那件事是在 2015 年，我心里已经在感慨，过去竟已有 3 年？

我还记得那天晚上，我在参加一个电影发布会，遇到好多老朋友。热热闹闹中，有人把手机递到我跟前，说“你女儿好可爱”。我抓过来一看：哟，真是嫣儿。视频里，她在镜头前，正经八百教网友，“我先卸掉唇彩，然后是眼线和眼影”。我赶忙问他们：这从哪儿看到的？因为我心里立刻就担心，是不是嫣儿的手机落到什么人手里。“朋友圈都传开了！”朋友这样说。

我赶紧找家人问明情况，真是嫣儿自己上传的。

等我回到家，嫣儿已经睡了，想着第二天早上再跟她说道说道。但视频传播起来很快，就一天工夫，无数朋友来问我，还有更多网友涌到了我的微博。嫣儿自己没有微博，所以大家就找到我这个父亲这里。微博我发得很少，粉丝长年就在一个数值，这次却因为女儿一下涨了好几百万。我还因为嫣儿上了热搜。

我当然觉得她在那个视频里很可爱啊。那晚睡觉前，我忍不住又看了好几遍，她鬼马精灵的，还跟网友互动，互相呛，乐不可支。

第二天早餐桌上，我跟嫣儿说：你得把账户关掉。她嘴上不说话，没看出来不高兴，但转过头去，竟把我微信拉黑了。“你是不是把我拉黑了？”两天后我才发现，问她。“没有啊！”她还装傻充愣。

这件事在她那儿就算结束了，可作为父亲，我得研究一下，也猜到了一些缘由。她在美拍上一直有账号，也拍，也上传，之前本来也有一些关注她的人。那些人里头，大概也有知道这是李嫣的，毕竟她的脸还是有辨识度的，但她当时用的是自己的英文名，网友们挺善良，大概也觉得没必要大规模去传播，这有点保护她的意味在里面。

她怎么突然就火了呢？因为她把美拍账号名字改了，改成了“李嫣儿 super 嫣儿”，在一直关注她账号的朋友们看来，这就算是公开亮相了，传播开来是常理。那年国庆期间，童童（窦靖童）在一个音乐节上第一次公开表演，我带嫣儿去了，那天台下好多疯狂的乐迷。之后没几天，她就改了账号名字。所以我猜测，小姑娘这是受了刺激，明明是姐妹俩，怎么突然姐姐就成明星了。

账号关了，我心里面还是挺高兴的，在其中一段视频里她说了这样一句：“其实，有时候我觉得自己真的是完美的，那是因为我比较会打扮。”有时我甚至也觉得，这是个完美的结果，因为她用自己的方式向世界宣告了自己的存在。

如果说，我心里曾有过一丝顾虑，担心外人的目光，她将来真正跟这个社会产生碰撞时，能经受起多大压力？但看到这几个视频的瞬间，我释然了。从前也老有人问我这样的问题：如果孩子遭遇一些讶异的目光，怎么办？我当时说：我会告诉嫣儿，那你就报之以微笑。视频事件之后，作为一个父亲，我的隐忧消失无踪。

2018 年 8 月，嫣儿参加了一次公益走秀，为“嫣然基金”募捐，当然这种意义是我们大人赋予的意义，是我们叠加上去的。对孩子来说，我知道她很喜欢。2017 年其实已经有过一次这样的经历，但由于后台太闷，她晕了过去。等她醒过来，只来得及走一件衣服。她乐于展现自己，有时候在家，还会跟朋友们准备好衣服，走台步玩儿。大部分小朋友都有点紧张，可嫣儿好像一点都没有。我看她上台那一瞬间，都能想象在后台她是如何蠢蠢欲动、按捺不住的。

我问她感觉怎么样，她说：前面的小朋友“没有按节奏走，妨碍我发挥”。

“为什么我的嘴唇跟别的小朋友不一样”

其实在 8 月走秀之前一个月，嫣儿刚刚做了她的第三次手术。虽然这次手术没有头两次重了，但仍然需要全身麻醉。等待进手术室的时候，她还在那儿做鬼脸，跟我拍照片。我知道她是在安抚我，是懂事，怕她爸爸担心。

嫣儿的头两次手术是在美国做的。几乎是刚出生，我们就带着她到了美国。

做第一次手术时，嫣儿才出生没几天。本来说手术时间是三至四个小时，但时针走到第五个小时，手术室的灯还没亮起。我心里着急，坐不住，就到外边儿去抽烟。洛杉矶儿童医院很大，我在院子里找了个角落坐着，烟一根接一根，眼看院子里人来人往，心里却在不停祈祷。手术从白天一直做到晚上，天黑了，灯也亮了，人少了，周围慢慢安静下来。我就在心里做了一个决定：如果嫣儿能安全出来，我要帮助一万例唇腭裂孩童做手术。我抽了两包烟，跟上天祈祷了一百次，做了这个决定。

这个数字我后来一直都没敢讲出来，因为我有点心虚，这不像捐爱心包。这种手术从术前检查、筛选，再到真正实施、术后康复，劳动量和周期都很长，要操很多心。没想到"嫣然"能一直做到现在，现在已经做到一万三千多例了。

"我的嘴唇怎么跟别的小朋友不太一样？"这个问题她一次都没有问过我。我妈告诉我，嫣儿问过她一回。上小学一年级那年，有一天下学回来，她跟奶奶抛出了这问题。奶奶就跟她对话。

奶奶问："艾美丽跟她姐姐一样吗？"

嫣儿："不一样。"

奶奶再问："晓雪跟林林一样吗？"

嫣儿：“不一样。”

奶奶：“就是啊，这个世界上每个人都是不一样的。”

名字可能不准确，总之都是嫣儿经常一起玩儿的朋友，当时听我妈复述完，我说“妈，你厉害”。我没问我妈听到问题是什么心情，但我知道，这肯定不是一个随机应变随口讲出的答案。我猜测，我们全家每个人都在内心揣摩过，假如有一天孩子来问这个问题，该怎么回答。我自己在内心也无数次模拟过这个场景，设想过无数个版本，现在只记得其中一个：因为你生来就与众不同。对，我没有我妈说得好，她好有智慧。

她 10 个月大时，做第二次手术。虽然这样两次重大手术都完成于她尚无自我意识时，但我觉得，这会在她精神上留下印记，她现在应对一切的淡定跟这些也有关联。比如去幼儿园，有不少孩子头一天离家会哭闹、会不舍，但嫣儿当时去上幼儿园也就去了，什么状况都没有。

得到过很多爱，才有爱的能力

我父母都是 14 岁时离开家的，分别从河南和安徽到了新疆，在那里相遇、结婚，有了我。

18 岁时，我、王学兵、陈建斌等十几个同学，一起坐火车到北京上学。那时候我们都算新疆班，火车上一聊，有一大半是第一次离开新疆。20 世纪八九十年代，从新疆到其他地方，路上都得三四天，所以好多到新疆的移民二三十年都没回过老家。但我小时候，我爸妈只要存一点钱，就回河南老家探亲。所以我们那时常开玩笑说，我们家存款全都贡献给了铁道部。

我印象中有三四次，车行至河南，快接近村口，远远地能看得见村子了，我父亲表情会突然肃穆起来，他会回头看我一眼，有一个短暂的停顿，那是一个沉静、意味深长的表情。那个停顿一直留在年少的我心间。我不知那个停顿何意，直到我也当了父亲。

嫣儿出生时，我父亲已去世若干年，我带她回河南给父亲上坟。也是快行至村口时，我鬼使神差地也回头看了一眼我女儿，那一刻，我突然想起来父亲看我的那个瞬间。我突然明白，那是一代人与另一代人之间的传承。

我父亲教给我的东西，我也在教给女儿。小时候我跟着父亲练习毛笔字，反复写的一幅字是“人不可有傲气，但不可无傲骨”，还有一幅字是“人生无常，宠辱不惊”。我也被追捧过，也因为“嫣然基金”引起过很大的社会争论，今后可能要孤单地走很长的路，做一件自己想做的事。2014 年前后，童童要去美国上中学，我把这两句话写给她。给小孩子讲这些，她当时理解不了，但她会记住这个瞬间。这个瞬间会在需要的时候发挥力量。

我有一个简单粗暴的逻辑，如果与生俱来的亲情都看顾不好的话，你会相信他有很好的友情和爱情吗？很多时候，这只是你心里面排序的问题。我在父亲的村里盖了一个小院子，每年都带孩子去住几天。叫城里的孩子上农村，没有一个孩子会说愿意。教育这个事情，既要尊重孩子的选择，但也不应该所有的事情都由着她。顶多孩子需要 Wi-Fi（无线网络），给装一个，嫌冷清，多带一两个朋友去。

也有趣事。我们家原来也算是个大家庭，人口多。有一天，一大桌人吃饭，一位亲戚指着另一个比嫣儿大不少的姑娘，用浓重的河南话说：“嫣儿，她要管你叫姑嘞！”这把李嫣给整崩溃了。

孩子教育不是一个点状问题，可以分门别类细化到观念，在我看来，孩子教育讲求的是整体环境。“嫣然基金”做到现在，她有意无意都会看到：哦，爸爸在做这个事情，在帮助很多小朋友。

她四五岁那年发生过一件很小的事，我一直记得。那年去西藏“天使之旅”前，我跟她商量，有没有她不想要的玩具，可以带去给贫困家庭的小朋友。她看着我，想了半天，说：“我没有不要的。”我心想，这可咋办，我已经跟同事说了会从家里拿些玩具，他们就没准备，第二天一早就要出发了。我问我妈能不能帮我弄一点，她说，每一件东西她都知道。

结果第二天早上，我妈拿给我一大袋玩具，说是小丫头上学前交给她的，说“这个给我爸”。

不要把自己的成长经验强加给孩子

在我朋友的孩子里，有几个跟嫣儿同龄，所以我们几家人就商量，一起给孩子找家庭教师。我们遇到的这位魏老师比较有个性，比如你找一位老师，起码要问人家一个问题：哪儿毕业的？魏老师说：“这些都不重要，我也不会告诉你，你只要认同我的教育理念就可以了。”

魏老师带着嫣儿还有另外两个孩子，一带就是 7 年。

2008 年元旦，嫣儿一岁半，魏老师带着三个孩子和家长，到北京西边爬灵山。灵山是挺野的山，据说每年都有一两个驴友在那儿出事，雪地里伸出来的枯草，比几个孩子都高，孩子们当时也就不到一米高。

魏老师跟三个孩子讲："我们现在要商量今天的目标，你们来指一下，今天我们爬山爬到哪儿。"两岁的孩子知道什么？我们在旁边想，可千万别指太远。

后来他们就指了一棵树，我们一看，那棵树离我们站的地方得有三四公里，那来回就是七八公里。目标定下后，魏老师拿出巧克力，问："你们为什么喜欢吃巧克力？"孩子们回答说："因为好吃啊，因为甜啊！"

老师循循善诱："那是一方面，今天巧克力最大的价值是提供能量，我们要完成目标，需要巧克力。所以，你们要记住，今天吃巧克力，是在你们需要补充能量的时候，不是馋了的时候。"

父母一般不会跟这么小的孩子用这种平等口吻交流，我今天认为那是非常正确的。

交代完，开始走。

爬山不是简单爬。三个孩子排成纵队，第一个孩子要选择路线，是走这个坡，还是下这个沟，最后的孩子要观察周边情况，负责瞭望，中间的孩子可以略作休息。每走15分钟，三个孩子就换一下位置。

那真是训练。大冬天，我们成年人都冻得不行。那次童童也在，我还记得这位少女当时穿得很少，大冬天不穿袜子，都冻哭了。那天走了7个小时，我们下山的时候天都黑了。一开始，遇到沟沟坎坎，老师还允许家长抱一下，到了三四岁就不让抱了。嫣儿5岁，头一次爬到了灵山山顶。

除了爬山，魏老师还带着嫣儿他们做节气观察，一年二十四节气，每个节气都到十三陵水库那里，去了7年，这就是168次。故宫去了也有三四十次。这些活动，我只要不出差，都会参加，她妈妈陪伴的也非常多，但最多的还是奶奶，少有缺席。客观地说，我们在孩子教育上付出的时间，可能真的比一般家庭多一点点。

有的家长常有这样的观念，觉得自己小时候是放养，不也长大了吗。但我觉得，真的不要把自己的成长经验强加给这一代的孩子，孩子应该比你更优秀才对。有一天我感慨说：看着嫣儿现在，觉得我跟她那么大的时候简直是个傻子。童童在旁边笑，说：“爸，别说你了，我都觉得自己像个傻子。”童童是“90后”尚且如此，更别说我们“70后”了。

养育女孩：你能给的和无法逃脱的

钟煜　口述　吴丽玮　撰写

“我最担心的，不是她会成长为一个浅薄的、没品位的女孩，而是人们会说‘你怎么养了个浅薄的、没品位的女孩’？”钟煜说。

我刚开始做育儿杂志主编的时候，还没有孩子。那时我们的目标是把杂志做成育儿类中的时尚杂志，每期会有小模特拍时装大片。当时，我和杂志美术总监都觉得杂志的品位要酷一点，至少要多样化一点，不要那种母婴商店模式化的粉色和蓝色。那时我总觉得很奇怪，好像全世界都无法逃脱这个魔咒似的，怎么都认为女孩天然就该跟粉色相连呢？等生了游游之后，我给她买的都是灰色和深蓝色系的爬服、酷黑的推车。我把朋友送的那种层层叠叠的公主裙藏起来，给她穿格子衬衫和牛仔裤。我鼓励她玩积木和工程车，明确告诉她：“妈妈最不喜欢芭比了。”

但有些东西确实是逃不脱的。在游游大概三岁的时候，有一次我带着她和杂志的美术总监一起吃饭，美术总监是个意大利帅哥，儿子两岁。那天俩孩子在前面走，我们跟着，我俩几乎是在同一时间停下脚步，互望一眼，无奈地大笑起来。

看着前面俩孩子的装扮：游游穿着粉红风衣、粉红鞋，拎着粉红小包包；小男孩穿蓝色夹克、蓝色鞋，抓着辆蓝色小汽车。原来，我们也无法逃出粉红粉蓝的魔咒。小男孩、小女孩到了两三岁第一次为自己做选择的时候，天然地就会有这样的颜色取向。不光是装扮，游游还要用粉色的水杯，背粉色书包，用粉色牙刷。她的彩笔和橡皮泥，永远是粉色先用完。有一天她问我：“妈妈，蝌蚪也可以是粉色的吗？”

我小时候绝大多数时间是和爸爸在一起的，妈妈总在不停地出差，周围跟我同龄的小伙伴也都是男生，所以我的个性很像男孩子，不喜欢长裙、蕾丝，也不喜欢女生那种娇滴滴的样子，我很怕游游因为喜欢粉色而变成一个叽叽歪歪的“小公主”。

后来我给她买了一套叫《小俏妞希希》的绘本，我们俩都特别喜欢。我希望通过这套书让游游的审美观念发生变化。小俏妞希希跟游游简直一模一样，喜欢粉色和藕荷色，所有的东西都带蝴蝶结和蕾丝边，见人会行屈膝礼，勤奋地学说法语，因为这样显得更优雅。

希希的家人更有意思。她的爸爸、妈妈和妹妹都特别配合她。他们认真地去希希开设的时尚课堂听课，全家一起去餐厅吃冰激凌的时候，任由希希给每个家庭成员装扮华丽的服饰，当听到希希想养一只蝴蝶犬，因为可以给它编满头的小辫子时，爸爸妈妈也没有拒绝她，而是建议她把邻居家的蝴蝶犬先拿过来养两天试试。结果呢，她端着冰激凌时被时髦的鞋子绊倒了，爸爸妈妈带她回家，洗完澡，陪她裹着睡衣重新盛一碗冰激凌吃。她给蝴蝶犬编了满头的蝴蝶结，准备等它睡饱美容觉后，带着它去喝下午茶，结果发现小狗过于娇气，没办法精力旺盛地陪着她在外面跑。于是，爸妈带她去流浪狗收容所里，领养了一只可爱的大狗。

事实上，这套书不但在教游游，更是在教我。我学会后退一点，让她自己发现。“妈妈，跑步的时候还是不要穿这个公主裙了，要不跑不快。”我学会给她选择，买一双粉凉鞋，买一双藏蓝色的。当穿了半个夏天的粉色凉鞋之后，她突然跟我说：“今天要不我试试蓝的？”慢慢地，我学会默默注视游游的各种尝试和创造。我也渐渐意识到，自己对粉红色和公主情结的歧视，其实也是一种矫情。我最担心的，不是她会成长为一个浅薄的、没品位的女孩，而是人们会说“你怎么养了个浅薄的、没品位的女孩”？

那么，对于孩子的服装究竟应该是什么态度呢？我喜欢的一本澳大利亚家庭问题专家写的书里写道：为孩子挑选服装的原则不是哪种款式更好看，而是要符合当天的活动。出去运动就要穿结实方便的运动服和运动鞋，学画画就要穿耐脏的旧衣服，这样孩子玩起来可以无所顾忌。穿着白纱裙去跑跑跳跳，影响不影响活动先不用说，孩子很可能会因为怕把衣服弄脏弄坏，而不敢投入，她们会很焦虑，只敢去扮乖乖女。

澳大利亚专家的观点对我影响很大，比如他强调游戏的无性别差异性，可以带孩子去大自然探索、野外种植等，尽可能不去限制孩子。他发现，有时候我们会对不同性别的孩子说不同的话。比如同样是在野外观察，大人会对男孩说“那边有三只兔子”，但对女孩会说“小兔子好可爱”，下意识地就会因性别不同，分别对孩子说出强调数字和感受的话。

专家并不认为学生在数学上的差异与性别有关，这是人们先入为主的刻板印象。乐高是家喻户晓的益智玩具，但这位专家提出了一个很引发思考的问题。乐高有很多主题，在那些以男孩为主角的主题里，场景非常多，但是在以女孩为主角的主题里，她们永远都是公主或者明星，好像美丽是女孩压倒一切的需求，他担心这会限制女孩对于自身发展的探索空间。

我在做杂志主编的时候，接触了很多家长。总体说来，家长对孩子的未来发展持越来越开放的态度，尤其是收入水平处于中上层的家长们，因为不需要太多经济上的考量，对孩子的选择大多是一种很放松的心态。相比男孩，我觉得女孩的生存发展空间应该是更为宽松的。作为一个男孩的家长，如果发现孩子对输赢没有承受力，遇到挫折不敢反击，换作是我，我可能是会焦虑的。

但女孩就不一样了，社会对她们更加宽容，这里面有传统观念的影响，至少“嫁得好”能让女孩有一个托底的安稳选择，现代社会也让女孩有很多职业选择方向，女孩既可以退回到家庭，也可以锋芒毕露。这是我们这个年龄的家长的一种态度。有一次游游跟我说，她长大想当厨师，我觉得有这个想法很好啊，但她外婆就无论如何都接受不了一个书香门第出来的女孩长大当厨师。外婆同样不允许游游披头发、染指甲，也不许她玩那种文身贴纸，觉得这些都不正经。

我以前希望自己生的是一个男孩，最好是像蜡笔小新那样的，粗线条，但内心无比强大，我不需要他很优秀，只希望他能不受伤害。但我的女儿游游恰恰是一个内向又敏感的孩子，对此我并没有多大的焦虑感。我知道，一个敏感的女孩跟一个敏感的男孩相比，社会对她的接受程度要高很多。后来，我听到一个心理学家说“特别敏感的孩子，能比别人看到更多的美好”，就更加能接受游游的这种性格了。

我需要做的是让她在家里能够感受到亲密和支持，而不是锻炼和压力。游游现在读小学三年级了，前两年她一直都是班里的“三好学生”，他们学校不根据学习成绩排名，选“三好学生”靠的是体育成绩。今年评选的时候，老师把候选的几个孩子的名字写在黑板上，说“上课不积极发言的不能当‘三好学生’”，然后把游游和另一个孩子的名字擦掉了。我当然觉得这对孩子是种巨大的伤害，我们一家三口人开了家庭会议，除了表示“爸妈并不看重当不当‘三好学生’”“老师有她的要求，虽然这么做不公平，但你需要接受游戏规则”之外，我跟她爸爸商量要不要去学校跟老师理论，最后我放弃了。

除了因为游游开学之后可能会换班主任之外，还因为我每次跟游游聊天的时候，发现她对于上课不举手回答问题是一种很轻松的状态，她会说：“我举手的时候老师还不叫我呢！”我看她没有把这当成一种压力，就放心了。因为我小时候也特别不爱回答问题，我非常清楚，举不举手跟学没学会没有必然联系。我会让她在心情不好的时候，跟我玩打闹类的游戏，枕头大战、追逐游戏、比力气等，让她虐我，释放一下。

我主张在跟孩子玩的时候，让孩子赢。这种观点很多家长是反对的，但我觉得你跟孩子玩游戏并不是为了让他获得能力上的锻炼，而是为了培养亲密关系，从家长这里获得自信和力量。

是公主还是病

鲁伊

> 粉红色的公主文化，至少在大众流行层面，早已洗掉了女性主义者一度加诸其上的那种贬义色彩。

她们为何穿上粉红公主裙？

在出版于1985年的《女性主义者词典》（*A Feminist Dictionary*）里，“公主”这一词条下列出了获得这一头衔的几种传统途径：身为女性统治者，嫁给王子为妻，拥有一个王座上的父亲或祖父。

但有趣的是，词典的编纂者也用背面敷粉的方式，给出了成为公主的另一种可能。引用美国女性主义研究者凯西·米勒（Casey Miller）和凯特·斯威夫特（Kate Swift）在其1976年出版的代表作《语言与女人：新时代的新语言》（*Words and*

Women: New Language in New Times）中的一个例子，该词条指出，“公主”这个词在现代语境下越来越多地被用于贬义——当一位老师谈及自己最优秀的女学生时，她总是会说：“这孩子可真是个王子！”尽管将一个男性称谓加在女孩子头上有点荒谬，但在她的潜意识里，与“公主”这个词联系在一起的，是那种搔首弄姿、任性刁蛮、娇生惯养、习于奢华的女孩子，用来形容一个好学上进的女学霸，实在让人无法接受。

对于出生在 70 年代、身为独生女却一直被当成男孩养大的我来说，这个逻辑并不陌生。然而，就在几个星期前儿子学校的图书周化装游行上，我的这种“70 后”的“公主观”，却遭到“00 后”新生代的巨大冲击。

要说明的是，在这个半数以上家长处于澳大利亚收入水平前四分之一分位的中产街区公立小学，以《哈利·波特》中赫敏·格兰杰为代表的精明强干款，多年来一直都是女生们的首选。受欢迎程度排在其次的，不是《绿野仙踪》里抱只小狗的多萝西，就是《神奇女侠》里持剑张盾的亚马孙女战士。但出乎意料，今年，迪士尼公主风却一瞬间成了高年级女孩子的主流，而这其中，就包括一直被儿子鲁猫猫暗中崇拜的学霸班花——这个向来有些书呆子气、此前几年一直雷打不动赫敏装的10岁女孩，居然穿了一身亮粉亮粉的闪缎公主裙，还配了全套钻冠、星星手杖和亮粉漆皮高跟鞋。再仔细看看，她原本亚麻色的头发上喷了层金色发胶，嘴唇上是本季大热的玫红漆光唇彩，指甲上也贴着耀目的水晶亮片。

到底发生了什么？

我回头，在家长群中找到她的妈妈——一个在第三个孩子出生后忍痛放弃土木工程师职业生涯的前学霸。和往常一样，承包了家中旧房改造从出图纸、打地基、铺房顶、做保温到装橱柜、安马桶、刷墙漆、铺地板几乎所有活计的她，潇洒地穿着一身沾满油漆木屑的卡其布工装站在那里，脸上带着一丝无可奈何的微笑。看到我的疑惑，她耸耸肩："你知道吗？我最近刚从一本书里看到，一个女人一生中要面对两个最糟糕的年份，一个是她自己13岁的时候，另一个是她女儿13岁的时候。可能我们家人都比较早熟吧！"

几天后，在整理家中的可回收垃圾时，我从之前一掠而过的折扣目录上发现了本年度校园公主装大火特火的部分原因——原来在图书周前的那一星期，本地的几大生活用品卖场，都在搞公主裙的 5 折促销。一身“小公主”行头，少说也要比正装范儿的“精英名校女学霸”款省上二三十澳元。在此刻澳大利亚总体经济疲软、消费者信心指数持续走低的背景下，这未尝不是“口红效应”的一种体现。

此外，借助搜索引擎，我也找到了学霸妈那句话的出处——澳大利亚青少年心理学家迈克·卡尔·格雷戈（Michael Carr-Gregg）关于如何养育女儿的畅销书《公主“碧池脸”[①]综合征》（*The Princess Bitchface Syndrome*）。在这本书里，格雷戈指出，原本乖巧的女孩在 10 岁左右进入青春期后，因为生理心理上的急剧变化，来自同伴和社交媒体对其的影响会渐渐超过父母的管控，从而表现出一系列叛逆行为，故意与家长的审美趣味对着来。

然而，正如尼尔·波兹曼在他的经典著作《童年的消逝》中那样一针见血指出的：“现代童年的范例也是现代成人的范例。当我们谈论我们希望孩子成为什么的时候，其实是在说我们自己是什么。”如果说这些女孩的中产阶层父母只是为了几十澳元的

---

① “碧池脸”（bitchface）是一个网络流行词，指脸上的表情放松时略带凶狠，看上去很欠揍的样子。——编者注

小便宜和在家中息事宁人、减少冲突，就选择——或允许自己的孩子去选择——与自己价值观大相径庭的装扮，那却也未免过于轻巧。

一个不容忽视的事实是，粉红色的公主文化，至少在大众流行层面，早已洗掉了女性主义者一度加诸其上的那种贬义色彩。如果说在 2001 年的美国喜剧片《律政俏佳人》（*Legally Blonde*）中，总是以粉红小公主形象出现的主角艾丽还需要通过高分考入哈佛法学院、作为实习生打赢刑事重案等重重考验才能证明自己不是徒有色相的“玛莉莲”而是可以辅佐夫君功成名就的“杰姬”的话，在网红经济火遍全球的今日，像金·卡戴珊这样的真人版芭比娃娃，却只需要做一个丰乳翘臀、bling-bling（闪闪发光）的自己，就足以名利兼收。

而当从这一角度考察 2017 年在全球创下票房奇迹的迪士尼真人版电影《美女与野兽》时，选择曾在《哈利·波特》中扮演赫敏·格兰杰，又在担任联合国妇女署亲善大使时发表过著名的针对性别歧视演讲的艾玛·沃森（Emma Watson）来出演新一代的“迪士尼公主”，从某种意义上讲，简直就是在宣扬一条“学而优则公主”的新道路。

具有讽刺意味的是，虽然象牙塔里的文化学者一直在喋喋不休地批判着公主文化对女孩产生的负面影响，但一个不争的事实是，数据显示，消费者——女孩和她们的父母——却在用自己的真金白银为公主风投票。2001 年，当时的迪士尼消费产品部门总销售额不过是 3 亿美元，但到了 2012 年时，光是“迪士尼公主”这条产品线，在全球就为迪士尼公司带来了 30 亿美元的收入，把以 16 亿美元销售额排在第二位的“星球大战”系列产品甩下了一大截。此外，因为在 2014 年打败美泰（Mattel）成为迪士尼公主系列商品的授权制造商，孩之宝（Hasbro）公司的女孩线产品收入在随后的 8 个季度里连续上升，更是在 2016 年第三季度创下了 57% 的惊人增幅。与此相对应，该公司男孩线产品的同期增长幅度仅有 2%。

毫无疑问，消费主义的百般诱惑，在公主风的大行其道中扮演着重要角色。但同样毋庸置疑的是，这是一个自由市场的时代，商家在花样百出的营销手段之外，不能胁迫我们做出主动的选择。在他人眼中再感性冲动的选择，对于做出选择的那个个体——即便只是 10 岁的小女孩——往往也有着充分的、理性的思量。因此，要回答“她们为何穿上粉色公主裙”这个问题，我们有必要把视野放得更远一点，去考察一下到底是什么令粉红色公主风在新一代女性的眼中，相对于其他颜色、其他风格拥有了更大的吸引力？又到底是哪些因素阻止了她们去选择粉红之路以外的其他路径？

粉红的崛起与轮回

法国人类学家和文学批评家勒内·吉拉尔（Rene Girard）提出过一个著名的理论，即人类欲望的本质是相互模仿。人们出自本能地坚信，各自的欲望是私有且特有的，正是这些欲望将“我们”与“他人”区分开来。而真相却可能是，我们都不过是在渴求他人所渴求的对象而已。通过模仿那些欲望的“模范”或“中介”——小时候是父母和照料者，接下来可能是偶像、英雄或神祇——我们实现了对自我和他者的塑造。但这种对欲望的模仿，也很容易转向无休止的竞争、敌对和冲突，因为一个时代与另一个时代的欲望，即使拥有相似的表达形式，也可能存在着本质的不同。

作为一种欲望投射的粉色公主风，显然并不例外。

在众多时尚教科书中，梅米·艾森豪威尔（Mamie Eisenhower）在丈夫德怀特·艾森豪威尔（Dwight Eisenhower）1953年就任美国总统仪式上穿着的那件镶有2000多颗人造钻石的粉红闪缎公主裙，被指认为现代粉色公主风的起源。不过，只需回溯一下历史，便不难发现，这身被《时代》周刊评价为给白宫带来了一缕“社交复古的气息”、给军人出身的艾森豪威尔的总统任期增加了几分“崭新的温暖感觉”的粉红公主装，与2000年后出生的Z世代[①]女孩身上的粉红公主裙，反映的是两种截然不同的文化气质。

对于曾经在二战中大规模走入工厂、农场、办公室、实验室和军队的20世纪50年代的美国女性来说，这抹粉红色所传达的“居家”“娱宾”信息，本质上是一种牺牲：那个政府以软硬兼施的各种手段逼迫她们回去的家，并不是一个比工作岗位更轻松的选项。

在洗衣机、冰箱和各类小家电尚未普及的20世纪50年代，一个西方社会家庭主妇平均每周花在做家务上的时间，高达77.5

① Z世代是美国及欧洲的流行语，指在20世纪90年代中期至2010年前出生的人，又被称为网络世代、互联网世代。——编者注

小时。在澳大利亚广播公司制作的《穿越时光共进晚餐》(*Back In Time For Dinner*)系列纪录片中，身为现代职场女强人的三子之母卡罗尔只体验了一天20世纪50年代初家庭妇女的生活，就累得哭了鼻子。除此之外，她们还被期待多多生儿育女，以及在经济拮据、生活物资仍十分短缺的情况下体面且精心地照料她们的丈夫——所谓的“老爷和主人”(lord and master)。他们通常需要长时间工作，除了睡觉几乎没什么机会与家人共处，很多人仍带着战争留下的身心创痛，用酗酒、药物滥用和家庭暴力的方式加以发泄，而他们的妻子便是首当其冲的受害者。

而当时57岁的梅米之所以成为美国女性心中的偶像，是因为她虽然拥有一个物质上丰裕无忧的童年，但在19岁嫁给身为军人的艾森豪威尔之后，一直过着随军妻子颠沛流离的生活，一生之中搬了28次家，直到丈夫退休后才拥有了此生第一个也是唯一一个固定居所。她经历过头生子的早夭、严重的产后抑郁症和消化系统疾病，丈夫多年郁郁不得志时的隐忍，以及伴侣一朝成名后马上随之而来的铺天盖地的桃色新闻。她筹建过医院、育儿中心和学校，充分展示过自己的组织才能，但当家庭和丈夫的事业有需要时，又马上退居照顾者、陪伴者以及帮助争取女性选民支持的拉票者的角色。

事实上，根据她的孙女苏珊·艾森豪威尔（Susan Eisenhower）在《艾克夫人》（*Mrs. Ike*）一书中披露的细节，梅米本人日常最喜欢的颜色其实是黄色。她在公开场合下经常穿粉色衣裙，原因之一是这个颜色与她的白皮肤和蓝眼睛更相称，但更重要的原因还在于，在她成长的20世纪初，蓝色才是上层阶层公认的属于窈窕淑女的颜色，而粉色则是充满叛逆的、十分男子气的。

正因如此，当这一代女性用自己的牺牲换来她们女儿更平等地接受高等教育、更自由地进入职场的机会之后，完成历史使命的粉色公主风曾一度让位给灰、蓝、黑、白、褐等中性色，转入一个长达几十年的沉寂期。然而，恐怕令20世纪50年代的这些粉红先驱者们始料不及的是，就在女性的受教育程度渐有超出男性之势，而男女收入的差异也正处于有史以来最低水平之时，剔除掉曾有的那层巾帼不让须眉的叛逆气质而成为赤裸裸的“浪漫”“梦幻”“甜美”“顺服”“娇俏”“诱惑”符号的粉红公主风，竟然会在新世纪变本加厉地卷土重来。

公主，你去哪儿？

当然，我们这个时代，并不缺乏对公主病的批判者、然而，这种批判很多时候就是对公主文化的另类认同，或是充满优越感的偏见。

比如周杰伦在他 2011 年的 MV（音乐短片）《公主病》中，曾对公主文化的各种符号大尽模仿戏谑嘲讽之能事，从而为中文世界里各路宅男和吃瓜群众提供了群嘲公主病的必备武器之一。但有趣的是，考察一下周董的历任女友，无论是蔡依林、侯佩岑，还是后来终成正果的昆凌，虽然各自风格有细微差异，但大体上都可归入甜美公主系。而他 2015 年在英国古堡里为小自己 14 岁的未婚妻举行的那场从服装、场地、布置都按照童话故事中王子与公主标准操作的豪华婚礼，更几乎成为公主梦成真的完美模板。

这样一来，对“公主病”的嘲笑顿时变成了一种“成则王侯败者寇”的功利逻辑。对“公主病”的嘲笑反对的不再是公主文化本身，而是下注公主风而赔上老本的那些运气不好的输家。但只要看一眼博彩业的历史，你就会发现，在回报足够丰厚炫目的情况下，十赌九输的高风险率从来不会阻挡赌徒们踊跃下注。

另一个例子来自美国媒体研究者瑞贝卡·海恩（Rebecca Hains）的《公主问题：引导我们的女儿走过迷恋公主的那些岁月》（*The Princess Problem: Guiding Our Girls Through The Princess-Obsessed Years*）。当时初吸引我翻开这本书的，除了它的标题，还有书评中的一段话："一个须臾不可离的工具包，充满了扎实、可操作性的建议。"而在300多页的篇幅里，瑞贝卡也的确引经据典、尽力分析了公主文化的各种弊病，不厌其烦地列出了家长可以与女儿们详加讨论的与公主风相关的话题、影视作品和参考书籍。

然而，这本略带鸡汤味的书对我而言最有价值的一部分，却在于前言中交代的一段看似与正文无关的逸事。写这本书时，瑞贝卡是个3岁男孩的妈妈，靠一点微薄的津贴读着博士学位。为了把补贴家用和自己的学术研究结合起来，平时惯以仔裤套头衫形象出现的她，接了份兼职工作——扮成迪士尼公主，在城中中产阶层父母为女儿举行的生日派对上发糖、讲故事、送礼物。她坦承，这份工作收入不错，内容轻松愉快，时间相对自由，对于她当时的处境而言可能是最佳的选择。

是的，套用波伏瓦在《第二性》中的那句名言：女人不是生来就是公主，而是男人与社会使她成为公主。对于学者瑞贝卡来说，成为公主不是一种消费选择，而是一种职业选择——也许不是最佳的选择，但依然是一种选择。那么，对于其他女性呢？选择穿上粉红公主裙的她们，是否也有着各自没有机会和渠道言说的苦衷？又或者，这一身粉红色的公主裙，只是她们为自己争取经济权和话语权的一种工具？

毫无疑问的是，不管选择穿上怎样的衣饰，她们面对的，都不是一个粉红色的童话公主世界。

世界经济论坛 2016 年发布的《行业性别差距报告》指出，由于第四次工业革命带来的自动化和中介环节的减少，到 2020 年时，全球预计将有 510 万个净工作岗位消失，其中男性受影响比例为 52%，女性为 48%。但因为大部分最容易被替代的中产阶层工作，目前主要由女性承担，而在科学、科技、工程和数学等未来可能快速创造就业岗位的领域，女性的参与度相当低，这就导致了女性每失去 20 个其他职业的岗位，只能获得一个新的就业机会，而男性的这一对应数字却是 4 ∶ 1。这种趋势加上女性人数在职场中所占的比例本来就比较小且主要集中于中低级岗位的现状，可能会导致男性和女性的收入差距在未来进一步扩大。

当然，在这个总体凄风苦雨的大趋势下，也有例外。伦敦经济学院的人类学教授大卫·格雷伯（David Graeber）就在他的《“狗屁工作”论》（*Bullshit Jobs: A Theory*）一书中指出：因为统治阶层已经明白，受过教育、效率高而又无所事事的人是很危险的，所以会人为地制造出一些“狗屁工作”（bullshit jobs），从事这些工作的人会得到很好的待遇，受到相当的尊重，保持一种中产阶层的体面。被他排在第一位的“狗屁工作”就是那些存在的主要目的是让其他人看起来很重要或感觉自己很重要的“仆役式”（flunky）工作——比如销售员、美容博主、美妆顾问、育儿师、英式管家、总裁助理等。因为这类工作本质上是为了装点门面，所以会对从业者的外貌有着更高的要求，与此同时，也要求他们——或是她们——更顺从当下的权力结构，更发自内心地接受一种炫耀主义的价值观。

而 2011 年出版的《为什么美丽的人更成功？》（*Beauty Pays: Why Attractive People are More Successful?*）一书，虽然在开篇时还遮遮掩掩、欲说还休，但身为劳动经济学教授的丹尼尔·哈默梅什（Daniel Hamermesh）在书的后半部分几乎已经忍不住要像《华尔街之狼》里的主角那样发表一番针对女性的洗脑演讲：尽管因为颜值高低而带来的收入差距在女性身上不如在男性身上体现得明显（7%~8% 相比较于 10%~12%），但对于在职场上本来就处于劣势的女性来说，够不够好看越来越决定了一个人会不会得到面试和录用机会。

此外，虽然受教育水平以往会对个体的经济社会地位产生重要影响，但在高等教育日益减少其筛选机制的功能，而成为一种消费方式时，就业不足和越读书越穷的问题，会在包括女性在内的弱势群体中越来越明显地体现出来。总而言之一句话：你有什么资本，可以不当颜值党？

事实上，当从这些角度把公主文化与女性在这个时代所面对的挑战与诱惑联系起来时，一度以自己 20 世纪 70 年代的公主观而颇怀优越感的我，突然对那些选择成为公主的女孩或女人们，有了一种更深刻的理解与同情。

然而，这种“因为没能生为公主，所以只能成为公主”的解决之道，以及对从这条注定白骨累累的粉红之路上败下来的“公主病患者”们的嘲笑，真的是我们——无论有没有女儿，是不是女性，身处哪一年龄阶段、哪一阶层——能给予这个时代的最有想象力的回答吗？

如果答案是肯定的，那真未免太让人遗憾了。

也许，我们应当重新熟悉一下 18 世纪的英国女性主义作家玛丽·沃斯通克拉夫特（Mary Wollstonecraft）在面对她所处的那个时代时给出的答案。她说：虽然提高受教育水平对女性来说至关重要，但绝非包治百病的万能药，而当时代变化资源紧张的时候，女性的权利永远会被最先推出来当替罪羊。

她还说，无论男性还是女性，在很大程度上都必须接受自身所处社会的观点和行为方式的塑造，如果没有激进的社会变革，就不可能有真正的女性解放——而这种变革，和人类历史上所有改变了不公现状的变革一样，往往始于宽容、互助与牺牲，而不是鹬蚌相争，更不是以邻为壑。

女校的困惑

王海燕

女校面临着定位困境，这种困境和全社会面临的女孩教育困境一样，即我们到底希望女孩们如何面对未来。

女校的特殊与不特殊

即使复校十几年了，无锡第一女子中学（以下简称一女中）在当地依然是一种会引来好奇的存在。高二（3）班的张明宇在公交车上遇到过老大爷问她："你们学校真的全是女生吗？"张明宇答："不然怎么叫女中呢。"老大爷又问："你们学校有男老师吗？有男厕所吗？"张明宇答："都有的。"她很想再认真给对方解释一下自己的学校，但老大爷不理她了。她觉得很无奈，这种含混着围观和窥探的惊奇感，她并不是第一次遇到。

张明宇是在初中毕业后进入一女中的，原因很简单，一女中正好在她的中考分数段里。实际上，和邻近的上海市第三女子中学一样，作为全国寥寥可数的公办女子中学之一，除了仅招收女生以外，无锡一女中还是一所跻身高考序列的普通重点高中，2017 年的一本升学率为 30%，在无锡市的重点高中里约处于第二梯队。

崇宁弄校区是一女中的本部校区，位于无锡市城市中心地带，是在一座古老的城隍庙的基础上改扩而来的。校园进门左拐就是城隍庙原建筑群，有水榭长廊、亭台池阁。古建筑以外则是白墙灰檐，江南风格的行政楼、教学楼、校史馆等，因为校区面积小，所有建筑都紧凑地排在一起，显得曲折幽静，而非普通中学校园的开阔疏朗。

这种幽静同样跟校园里的气氛有关，即使在中午吃饭休息的短短一个多小时里，这所全是女生的校园也比其他中学校园来得更安静一些。女孩子们叽叽喳喳地说笑打闹，但没有蹿蹿跳跳喊声震天的吆喝。所有女孩子的白色短袖校服扣子都规矩地系到最上面一颗，领带系得周正，这是学校规定的。大夏天里，女孩子们仍然穿着肥大的运动裤，而非校园宣传照中的日式短裙。只要见到成年人，女孩子们都会低着头，声音细细地叫一声“老师好”，不管是不是自己班级的老师。

这种印象大概符合一些家长对女校的期待。高二（4）班的沈雅文告诉我，她一开始并不想来女中，“朋友们都觉得一所没有男孩子的学校很奇怪”。但她妈妈坚持送她来这里，因为她性格大大咧咧的，说话直来直去，总跟男孩子一起玩，妈妈希望她到一女中来磨炼一下性格。

“一女中的女孩子都比较懂礼貌，校风好”，这是她妈妈从周围亲戚口中得到的印象。最终，沈雅文和亲戚家的一个姐姐都来到了一女中。沈雅文说，她在一女中一年，的确有很大的改变，“至少在外人面前不再那么放肆了”，原因是总跟女孩子相处，她需要变得更加细心一些。至于变得更加爱美，则很难说是因为身在女校，“我原来也喜欢穿漂亮的衣服，把自己打扮得好看一点”。但无论如何，沈雅文的父母很满意，认为她开始有了一个女孩子该有的样子。

但沈雅文自己的确感受到了不方便的地方，比如初中时，她总跟同班的男同学一起打篮球，但是来到一女中，班上打篮球的女生不多，她也不喜欢和外班女生组队，只能任由球技荒废。

如果看宣传册和校园官网页面，“女性素养”“美丽女孩”“国际交流”在一女中是和“科研教育”并重的学校教育特色板块。但实际上，对一个高中阶段的学生来说，一女中与普通校园的相同点显然更多一些。这里的理科班同样多于文科班，这是高考的格局决定的；这里的男教师同样多于女教师，比例大概在 6 ∶ 4。在高考重压之下，非高考科目和休息时间一样，同样属于被挤压的部分。

当然，在传统学习中，作为女子学校也有特殊的地方。学校的高中物理老师黄皓告诉我，对于传统男女混合学校，很多人的刻板印象是女孩子学不好理科科目。在带女生班级的头两年，他几乎是在验证这一论断。他是学校里水平最高的物理老师之一，但在女校，整整两年，他带的班级没有体现出一点优势。他甚至开始学其他老师，让学生刷题，自己也每天加班加点。

但女生学不好物理，并不符合黄皓的经验认识。黄皓本科毕业于南京师范大学物理系物理专业，这个专业一共有 90 人，黄皓常年排名第十，排在他前面的 9 个同学全是女生，而当时整个物理专业一共只有 15 名女生。黄皓说，从那个时候他就开始怀疑，女生学不好物理是否有道理。

在女生班级受挫后，黄皓开始改变教学方法，比如在经典的运动定律学习中，传统的教学步骤是先进行抽象的受力想象，然后根据牛顿运动定律推出相应受力下的运动，进而推导出运动学公式。但黄皓如今在教学中，总是把第一步和第二步反过来，这两个步骤的根本区别在于，一个偏重对抽象事物的想象，一个偏重对具象事物的观察理解，而根据黄皓的认知，这正是男生和女生理解事物的根本不同所在。

经过两年的摸索，事实证明黄皓的教学方法是有效的，至少他回到了不用加班批改作业的日子，他的女学生中也有人拿到了省级奥赛奖项。在黄皓看来，女孩们在男女混合学校总是更加偏重选择文科的原因在于，传统的理科教学方式从设计之初就是为男孩们准备的，当女孩们跟不上并且接受这一心理暗示的时候，就更容易成为被放弃的对象，“老师的精力总是有限的，现在的中学班级又那么大”。甚至，在他看来，男女生在青春期的体能差异也是导致男孩和女孩学科学习差异的原因，因为刷题非常消耗体能。

从这个角度，无锡一女中的成立更像是在高考这根指挥棒下，对女孩在高考科目学习中的一次差别化和平等化探索。换句话说，一女中是特殊的，但并没有那么特殊。

为什么要恢复女校

无锡一女中是在 2006 年恢复女校建制的，说恢复，是因为一女中曾有过漫长的女校传统。事实上，无锡第一女子中学最早创建于 1912 年，经历了从女子师范学校到完全小学、完全中学的不断变迁。作为一所专门建制的女校，一女中曾在无锡教育界享有盛誉。一种说法是，直到 1949 年后，无锡人家只要条件允许，且重视女孩教育的，都会把家里的女孩送往一女中就读。

可以佐证的事实是，一女中曾有过极其强大的师资力量：1949 年前，无锡籍国画大师钱松岩和音乐理论家钱仁康曾在这所学校任教；1950 年至 1954 年，著名红学家冯其庸在调往中国人民大学之前，在此担任语文老师。除此之外，学校还有许多老师来自国内著名高校。

一女中的女校传统是在 1966 年中断的，和当时的所有女子中学一样，一女中改名“要武中学”，并经过和其他学校的并改，成为男女混合学校。

一女中校长康立为告诉我，实际上从 20 世纪八九十年代就有零星的呼声，希望当时已经成为无锡市第十一中学的一女中恢复女校建制。当时的背景是：1981 年，曾培养了张爱玲、宋氏三姐妹的上海市第三女子中学率先恢复女校建制；1996 年，北京华夏女子学校创建，开创了国内重新恢复和创建女子学校的先河。但即便如此，当时这种呼声也很难成为主流。

曾全程协助一女中前校长的田胜龙和参与过复校事宜的高级教师尤敬党告诉我，真正将恢复一女中推上日程的，是前女中校友杨芙清。现任北大教授和中科院院士的杨芙清是无锡人，1945 年进入当时的一女中读初一,六年后高中毕业，考入清华大学数学系后在当时的高校院系调整中进入北大并公派留学，学成后在北大任教至今。2005 年，杨芙清在和无锡市政府接洽的过程中提到，希望恢复母校的女校建制，这一建议随即被采纳。

和杨芙清一样，当时还有诸多的一女中校友对恢复女校表达了热切支持。尤敬党说，在和杨芙清接洽的过程中，他能理解为什么当年的女校校友们如此渴望恢复一女中建制。尤敬党的表姐和二姐都曾就读于一女中，和杨芙清及其妹妹是校友。如果翻看一女中校史，会发现这里曾走出过的校友还包括协和医科大学前副校长章央芬、国内高师地图学专家陆漱芬、原中科院微生物所所长薛禹谷、著名特级教师倪谷英、安徽大学原副校长程慧霞……但杨芙清在毕业后再也没有遇到过如在女校时众多的同性伙伴了。事实上，在她考入清华大学数学系的那一年，同届 20 多名同学里只有她和南开中学考入的两名女生。

尤敬党记得，恢复女校建制时，杨芙清就曾向他提起，一女中的复校应该成为培育杰出女性的摇篮，并且要做到三点：一是保证师资，二是保证生源，三是恢复文化。为了保障经费，杨芙清还拿出 50 万元，在恢复后的一女中设立奖学金，这笔奖学金基金后来被追加到 100 万元。

经过短暂的调研，一女中于 2006 年正式复校，并从当年暑假开始面向无锡全市招收初中和高中阶段的女生入学，师资沿袭了原来男女混合学校的全套班底，并另外增设了针对女孩教育的课程。

略显仓促的复校当时并没有得到所有人认可，一女中现任校长康立为是 2009 年调至一女中的。此前，他在无锡市另外一所公立重点高中任教。当时，经过两届学生的招收和毕业，一女中的两届男女混班学生已毕业，女中成为真正意义上的女子中学。康立为告诉我，他当时和大多数人一样，对女中并不是很支持。“如果不是女中人看女中，我们会有这样的疑问：把女孩子集中起来培养，有没有必要？是否符合教育科学的规律？”这个疑问如今依然是很多人对女子学校的疑问。

到一女中任职，并不是康立为首次深度接触女子学校。当时，他的大女儿正在无锡一所私立初中就读，康立为为女儿选择这所学校的原因是，这所学校和新加坡南洋女中有交流项目，康立为给女儿定下的真正目标是南洋女中。早在女儿上小学时，他就带女儿去南洋女中参观过，这所学校最吸引康立为的是汉语和英语教育并重，他希望女儿能在拥有国际视野的同时，保留对中国传统文化的学习。除了优良的学科教育体系，康立为也认为，将小小年纪的女儿送出国门，作为女子学校的南洋女中可以提供更加安全的环境。那时候，他对南洋女中作为一所女子学校没有任何性别教育上的看法。

即便如此，康立为并不能将一女中和南洋女中放入同等比较序列。在康立为看来，“一所学校只有坚持一贯的办学方向，才能越办越好，如果中间断掉了，是没办法同等看待的”。这是南洋女中在新加坡拥有良好口碑的最主要原因。

另外，一女中和南洋女中无法等同比较的原因还在于，一女中作为一所女校，仍然是公立普通中学，既非职业类学校，也没有非常规道路供学生选择，和国外私立女校面临的教育和社会环境截然不同，康立为说："在这种情况下，不应试也不可能。学校肯定还是针对高考来研究，把高考课程跟女校特点结合，发挥女孩子在高考科目当中的优势。"

一个矛盾的地方在于，家长们在决定是否将孩子送入女子学校时，教学质量并非全部考虑因素。相反，更多家长考虑的是孩子的社交环境。因此，一个显著的问题是，和国内其他女子中学一样，如果从分数线考虑，复校以来，一女中的生源质量一直有所下降，甚至在同等成绩下，需要比对手学校分数线更低才能吸引学生。

虽然高考是一女中面对的主要考核目标，但从校长的角度，康立为清晰地知道，"没有特色课程，没有女性素养的培养，女校是没有存在价值的"。问题是，女校到底应该注重培养何种女性素养？

到底要培养怎样的女性

在一女中，无论老师们最开始对女子学校是否认同，复校之后，他们都或多或少有了自己的“女校经验”。康立为发现，和男女混校时期相比，女校的男老师普遍变得更加温柔了，原因可能是男教师和女孩子相处的时候，更能从欣赏、包容的角度看待女生。

另外，和其他普通中学相比，一女中非常强调老师和学生之间的沟通。一女中的学生告诉我，在这所学校，搬把椅子和老师聊闲篇是经常出现的情况。康立为说，这其实也是和国外女校有了交流后，在教育方式上慢慢发生的改变。“国外的女校认为爱的本质应该是尊重女孩子。我们原来比较严厉，只是指出孩子的问题，后来就学着更加柔性，让女孩子能够接受。而且女孩子比男孩子更感性，所以我们就鼓励老师们主动去发现学生的情绪，主动疏导，这可能是全国女校都有的一种教学氛围。”

另一个不同的地方在于，因为只有女孩子，无论老师还是学生都必须适应一些事情，比如女孩子需要自己将桶装水搬上四楼，而老师们也需要适应让女生做得更多。

生物老师王荐是学校“自然之友”社团的指导老师，在女中复校之前，这个社团的成员大多是男生，王荐觉得带着也方便，单独就能带出门，做垃圾填埋项目的研究，也可以让男孩子直接戴上手套去掏垃圾。但恢复女校建制后，社团里只有女生了，社团还要继续开展活动，王荐不得不带着一群女孩子出门去观察夜鹭，或者去郊区测量古桥数据。他说，适应以后，会发现女孩子们也一样可以。

在一女中，“女生不行 / 不能”这样带有歧视的言论是被明确禁止的。在和几个一女中学生聊天的过程中，她们告诉我，她们认为没有男生，女生可以做得一样棒，长得帅和长得美的小姐姐都值得追捧，反对女生应该在未来的家庭生活中承担更多责任这种观点……她们认为，她们的确在女校得到了更多的锻炼。

但这并不一定来自一女中的教学宗旨。一女中的校训是“端庄勤朴”，沿用的是女校建制中断之前的校训。

正如康立为所言，没有对女性素养的培养，女校是没有存在价值的。而一女中对女性素养的培养，共包含 6 项内容：道德、家庭、艺术、语言、科学、体育。在这些必修课程中，有关品性的部分显然多于且重于能力的部分。这符合康立为对一女中的期待，他说：“一女中的毕业生首先是德行有保证，然后是才情也优秀，这样的评价就是对我们的认可。”

一女中的女性素养课最早是尤敬党设计的，他当时设计的两门课程，一门是形体舞蹈，一门是国际礼仪。因为在他看来，一女中的目标是培养现代淑女，而现代淑女的特质应当是气质优雅，可以熟练应对国际交往。

尤敬党还将女性的性别角色分为自然角色和社会角色，其中自然角色指的是作为母亲、妻子和女儿的女性，而社会角色则指的是参与社会事业的女性。而一个现代女性应该在自然角色上以家庭为重，同时在社会角色上追求平等。他认为一个拥有和谐家庭的女性才算是拥有完整的幸福，但同时反对女性成为家庭主妇，因为家庭主妇得不到伴侣的尊重。

这和我采访的大多数一女中老师的性别观点一致。康立为说，他们在做一些项目论证的时候，来自专家们的看法经常截然相反，比如：一种观点认为，应该培养女孩子的独立性，让她们成为社会精英；另一种观点则认为，女孩子应该具有中华传统美德，以家庭为重。处于实践当中的康立为采取的办法是，既培养女孩的独立性，也培养女孩的家庭责任感。当我问达到家庭和事业双完美，这个目标对女孩子来说是否太高时，康立为的答案是：不一定非要两方面都做好，而是在教育上两方面都注重，为女孩们提供选择。

这个选择可能并不好做，黄皓在研究了东亚诸多女子学校后发现，女子教育的问题在中国最突出。比如：日本的女子教育虽然发达，但日本社会普遍接受女性结婚就回归家庭的人生走向，并为之构建了充分的权利保障体系；韩国女性也更能接受为家庭付出的角色定位。

而在中国，女孩子们面临的问题显然更加矛盾重重。黄皓以前教过的一个女生，三年前回来跟他吐槽，在一女中时从来没有感受过性别不平等，但到了大学里，男朋友是北方人，长得很帅，居然敢让她帮他洗袜子，让这个女生非常震惊。所幸，黄皓现在不必面临这样的问题，对他来说，无论他的女学生们未来是成为科学家，还是成为家庭妇女，在高中时学好物理终归是好的。

附录：世界著名女校，如何实施性别教育？

2008 年，美国政府赞助了一项名为“公立单性别学校的早期实施：认识与特点”的研究。该研究列出了单性别教育的好处，其中包括消除学习时男女之间的差异、改善学生学习问题、使女生有更多担任领导的机会、避免性别不同的师生偏见等。

从历史上看，19 世纪以前单性别教育非常普遍，由于长期以来天主教会认为男女学生同校是对正常而恰当的两性分离的背叛和挑战，那个时候大部分中学、大学都是男校或女校。而早期的这种单一性别教育，是在基于性别歧视之上建立的男子学校或女子学校中进行的。女子学校的课程设置较强调德行和才艺，教育的主旨是造就好女儿、好妻子和好母亲。

从 19 世纪早期到 20 世纪 70 年代，男女同校开始被视为女性赢得与男子一样的受教育机会的标志性成果，以及实现男女平等的重要途径。男女同校教育被认为是“自然的”，它使得人们与异性之间更容易建立积极的关系，减少刻板印象，使男孩和女孩有机会在一起共同学习、工作。

而到了20世纪70年代，关于单一性别教育的讨论再次兴起。一方面，性别生理学、心理学、人类学及社会学等学科的兴起与发展，分别从不同角度研究了性别差异，人们开始探索如何有效地对男女学生进行适合各自性别特征的教育。另一方面，一些激进的女性主义者也认为，男女合校对女生而言是一种灾难，因为男女合校的教育不是为女生准备的。它把女性置于男性的普遍话语体系当中，减少了女性的自主与自立。这一次，单一性别教育的出发点是性别差异，落脚点是性别平等、教育公正。

关于分校还是合校，争议还没有停止。在 2004 年美国公立学校获准实施单性别教育时，美国教育部公民权利办公室负责人马库斯曾表示："我们知道男女共校仍将是标准。我们不过是努力确保教育工作者能（为学生和家长）提供更多选择的灵活性。"

那些世界著名女校，它们各自的教育理念又是什么呢？

圣保罗女子中学

圣保罗女子中学（St.Paul's Girls' School）位于伦敦西部地区，是英国著名的女中，招收 11~18 岁的女生。该校以文学和音乐享有盛名，是"九大公学"中唯一一所女校，也是贵族学校中唯一一所不要求穿校服的学校，这在整个英国私校系统中十分少见。

1509 年，曾为伦敦圣保罗大教堂主教的柯乐特设立了圣保罗学校。1904 年，管理柯乐特家族财产的纺织商公会为了贯彻柯乐特"为所有民族和国家儿童服务"的理念，在伦敦西区附近建立了这所圣保罗女子学校。圣保罗女校恪守柯乐特人文教学和开明教育传统，致力于女权自由，此外还鼓励学生有创造性以及宽容和群体的精神。

在课程设置方面，圣保罗女校的课程除了传统贵族学校的课程以外，还有戏剧之类的文艺课。学校非常重视女生的文艺气息，在音乐、戏剧、美术方面多有培养。

该校学生 100% 都进入名牌大学，其中四成以上的学生被牛津、剑桥等校录取。不少名模、女明星、经济学家等杰出人才都出身于圣保罗女中。

威克姆阿贝学校

威克姆阿贝学校（Wycombe Abbey School）位于英格兰的白金汉郡，是全英学术上排名第一的女子寄宿中学。学校始建于 1896 年，由弗朗西斯 · 多佛小姐创立。成立之初，弗朗西斯即为该校立下了三大宗旨，即挖掘每一位学生的天赋，培养其博爱精神，培养其尊重理解他人的需要。

威克姆阿贝采用小班教学，师生比例为 1 ∶ 7，学生们在 GCSE（英国普通中等教育证书考试）和 A-Level（英国高中课程）

考试中取得的成绩令人惊叹，每年都有约三分之一的学生毕业后能进入牛津大学和剑桥大学。除学术之外，威克姆阿贝学校的音乐、戏剧、艺术、体育也都非常强，该校有三个大乐团、三个合唱团，每年都会制作十几部不同的戏剧剧目，还有不少学生加入了英国国家青年剧团。

维斯理女子学院

维斯理学院（Wellesley College）是一所女子文理学院，成立于1875年，地处马萨诸塞州波士顿城西的小镇威尔斯利，为美国“七姐妹学院”之首。今天维斯理学院的口号是“为立志改变世界的女性提供一流的教育”，全学院的上上下下也为这个目标努力着。据2017—2018年《美国新闻与世界报道》杂志发布的大学排名，维斯理学院在美国文理学院中排名第三。

不同于中国人对文理学院的认知，在大部分美国人心目中，文理学院往往代表着经典、小规模、高质量的本科教育。许多文理学院的学术声誉往往不亚于哈佛、耶鲁等综合性大学，因而成为美国上流社会及贵族子女的首选。

自学院创建之初，维斯理学院就以给予女性高质量的博雅教育为使命，倡导女性拥有平等受教育权，培养女性在变革世界中的领导力。如今，维斯理学院共有超过 2350 名学生，她们来自 60 多个国家和地区。学校提供 50 多门专业供学生选择，平均每班人数为 17~20 人，学生与教授比例为 7 ： 1，学生非常容易与教授建立起亲密良好的私人友谊。在校园生活方面，学院强调多元化共存和平等，目前拥有大约 180 个学生社团，涵盖了文化、政治、体育、社区服务等方方面面。

维斯理学院培养出了一大批各领域的杰出女性。美国第 67 任国务卿希拉里就是在这里度过了她的大学时光，而后才到耶鲁去，并在那里与克林顿相识的。另外，中国的著名女性宋美龄、冰心也都曾在此就读。该学校被认为拥有世界上最有权威的女性校友网络。

史密斯学院

史密斯学院（Smith College）位于美国马萨诸塞州北安普敦，是美国排名第二的私立女子学院，也是全美颇负盛名的顶尖文理学院之一。

学校成立于1871年，现有2588名在读学生，师生比例为1∶9，其中有来自72个国家和地区的约200名国际学生。其最优秀且在学生中大受欢迎的专业是政府学、艺术、心理学、经济学，艺术史也是全美顶尖。除此之外，学校还设有工程专业，这在文理学院中极其罕见，很多学生本科毕业以后进入了麻省理工等顶尖工学院发展。

值得一提的是，学校除了一门新生的写作必修课以外，没有必修课，选课非常自由，但为满足文理教育的需求，要求学生至少有一半学分在专业之外的课程中获得。史密斯学院不仅致力于让女性出现在科学的前沿，踏入工程等男性主导的领域，同时还积极面对并加入改变社会上的各种不公：种族主义、性别歧视、阶级主义等。

史密斯学院培养了许多举世闻名的女性，其中包括《飘》的作者玛格丽特·米切尔，两位第一夫人南希·里根、芭芭拉·布什，著名诗人西尔维娅·普拉斯等。电影《朱莉与朱莉娅》的原型、厨师茱莉亚·查尔德和复旦大学校长谢希德，也都毕业于此。

梨花女子大学

梨花女子大学是韩国首尔历史最悠久的大学之一，建校于1886年，是韩国第一所女子大学，也被誉为“亚洲第一名门女校”。在2018年QS（英国一家高等教育咨询机构）亚洲大学排行榜中排名第44。“梨花大学”这一校名来源于“梨花学堂”。梨花学堂由美国传教士斯克兰顿建立，是韩国第一所女子学校。1887年年初，为了纪念女性教育的开始，高宗赐予学校“梨花学堂”校名。“梨花”这一校名的含义远超过一个教育机构的名字，还象征韩国女性教育的传统与精神，其追求的最高价值理念可以简单归为“真，善，美”。

梨大以盛产女性精英和第一夫人而闻名，著名的校友包括韩国第一位女总理韩明淑，现代集团会长玄贞恩，韩国前总统李明博夫人、金大中夫人等。值得一提的是，《我的野蛮女友》里全智贤饰演的女主角就是梨花女大学生。不过，女校不是聚集千金小姐的秘密花园，就读女校的女生并非都是名门之后。梨花大学的女生们有比较高的政治敏感度，在2008年的“美韩牛肉风波”、2016年韩国前总统朴槿惠“闺蜜干政”等事件中都能看到梨大学生的身影。

日本御茶水女子大学

御茶水女子大学是日本顶级女子大学，学校创立于 1875 年，比创立于 1877 年的东京大学还要早上两年。其前身是“东京女子师范学校”，作为过去日本女子的最高学府，也是现在日本国内最顶尖最难进的女子大学，它有“女子东大”的别称。

御茶水女子大学一共只开设三个学部：文教育学部、理学部以及生活科学部，采用人少质优的培养方式。建校 140 余年至今，御茶水女大一直以培养具有行动力和领导才能的新时代女性为目标，这在一直以来男女地位严重不平等的日本社会是非常难得且值得被尊敬的。

2004 年，御茶水女子大学提出了“作为所有具备学习意愿的女性实现真挚梦想的场所而存在”的宗旨，包括想要学习但无法学习的发展中国家女性在内，致力于支持全球的女性实现她们的梦想。2019 年 7 月，御茶水女子大学还宣布，2020 年起将接收跨性别学生，即户籍性别为男性但自认为是女性者。

成为悦纳自己的女孩

陈祉妍

有个朋友曾经对我说：女人和男人应该吃不一样的东西，怎么能一样呢？他的出发点并不是营养学，他的意思是，女人应该和男人处处不一样，应该神秘。这种观点当然极端，也许在老旧的时代曾经有类似的观念，女人和男人穿的不一样，女人和男人生活的范围不一样。到今天，人们常常还会觉得女人与男人擅长的领域不一样。而性别研究的心理学领域认为：传统的性别角色观念是男性占据优势，两性差异突出；而现代的性别角色观念应该更趋向于两性平等，性别双性化。所谓性别双性化，就是更容许女性具有传统上赋予男性的心理行为特征，容许男性具有传统上赋予女性的心理行为特征。

女儿刚出生的时候，朋友们问我对她的期待。我说，比起成为淑女或才女，我更希望她成为侠女。这或许是因为，我们对于儿女的期待，往往来自自己人生中未完成的理想。我会被人错当淑女，错奉为才女，但却从来没做过侠女。武侠故事里的侠女，要有功夫，也要有胸襟。这是我达不到的人生理想，所以觉得比做淑女和才女更加好玩。但若要分析一下的话，淑女和才女非常吻合传统的女性形象，而侠女的女性形象则更加另类，或许，也更加自由。

是的。多多少少，我希望自己的孩子不要被女性的刻板印象所束缚，正如我对自己的期待一样。我还期待，我们都拥抱作为女性的身份，坦然地成为自己。身为社会中的人，我们都会被贴上各种各样的标签，种族、地域、年龄、职业……我们被期待着担任各种各样的角色，女儿、母亲、下属、上级……女性是一个标签，是众多标签里比较大的一个，因为它包含着许多标签和角色。但不论怎样，一个活生生的人，要比标签更大、更丰富。在养育过程中，比起“这适合女孩吗”更重要的问题是：“这适合她吗？她喜欢吗？”

性别角色的形成，伴随着孩子的整个成长过程。在现代社会中，最早的两性差异体现，从为新生儿选择的衣服上就已经表现出来。但更重要的性别角色培养，是玩具和游戏的选择，因为这影响着孩子的兴趣指向。人们会更多地送给女孩玩具娃娃，送给男孩汽车和武器类玩具。玩具的设计者和制造商也会有意无意地展现出性别的偏见。家长可以有意地做些平衡，拓展孩子的玩具种类。我不希望对孩子说出这样的话："那是男孩子玩的，不是女孩子玩的。"我希望她能接触到的玩具种类是丰富的，喜不喜欢由她自己探索。她有遥控汽车、轨道赛车，我还有一次想为她买一支枪的积木模型。

上幼儿园以后，是孩子性别意识发展的高峰期。女儿所在的幼儿园，每个班的教室都连着一个男孩女孩混用的厕所，厕所里一侧是马桶，另一侧是壁挂小便斗。我猜这有助于让女儿对两性的生理差异习以为常。然而有一回逛街，进店迎门看到一座私处毕现的男性雕塑，女儿声言：她是女的。我顿时汗颜，看来性教育还是不可偷懒啊。我忘记了询问，是那座雕塑的抽象曲线还是别的什么特点让她做出了错误的判断。

不过，在这个年龄，孩子对两性的观念刚刚形成，也正是因为刚刚形成，所以比较刻板。孩子分辨性别时主要依赖一些表面的次要特征，而且对某些次要特征划分得很坚决。也许正是因为把握不住要害，所以要付出过度的努力。比如，那段时间女儿会问我："那个人到底是男的还是女的？""他是男的，为什么留着长头发？”“女生才留长头发呀！”

记得在上幼儿园以前，她趴在窗户上看别的孩子学习跆拳道看得目不转睛。但上了幼儿园，我再问她要不要学跆拳道的时候，她却说不要，“那是男孩子学的”。她想要学跳舞，尤其是芭蕾舞，在我看来这是因为她想穿漂亮的纱裙。纱裙可以有，但我们去看的那家机构，小女孩几乎只是穿着纱裙走走位而已，我嫌运动量太小了。后来带她体验学功夫，我觉得很适合她。她在运动中能自然地协调自己的身体，而且喜欢有点刺激的运动形式。同样是从高处跃下来，有的孩子感到害怕，需要鼓励，而她显得很开心，以至于教练拿这项活动作为对她的奖励。学芭蕾舞的清一色是女孩，学功夫的以男孩为主，但也有不少女孩。在学音乐的机构里，女孩大多数留长头发；在学功夫的地方，女孩大多数留短发。

我在学功夫的地方看到的女孩，大部分由父亲陪同来学，或者父母都陪着来。相比之下，学音乐的地方由父亲陪着孩子来的情况很少。同样是学功夫，男孩由父亲陪同而来的情况也要少于女孩。这或许意味着让女孩选择学功夫，父亲的支持是个重要因素。看见课堂旁边父亲们有时忍不住出言指点，比比画画，倒是更支持我这个猜想。

在性别角色的形成中，父亲的影响要比母亲更大。父亲如何看待女性、是否欣赏支持女孩展现出更多的女性心理行为特征、是否带领女孩尝试更多的男性活动领域，都影响着女孩性别角色的成长。研究者认为，能够胜任最高管理者的女性，在成长中通常得到父亲的很多支持，父亲带领她培养对男性活动领域的兴趣，例如机械修理、户外探险，同时又不排斥压抑她的女性特点。这样成长的女孩，拥有健康的性别双性化，她接纳并发挥自己身为女性的优点，同时也能拥有并发挥一些社会赋予男性的优点。如果父亲贬低排斥女孩的女性特点，女孩可能会努力变成比男人还男人的女人，她与男人、与女人的关系都容易出现问题。

或许每一个女孩的家长，都要面临让自己的孩子在多大程度上贴近社会赋予的女性形象的选择：关于服饰打扮，到底花多少精力去娱己悦人而又不陷入琳琅满目、眼花缭乱的视觉陷阱；关于家务，到底学多少艺不压身的生活技能，又不沦为任劳任怨、做牛做马的黄脸婆；关于成就，到底追求多少长风破浪、再上层楼的满足，而又不失落生活的其他角色……世界辽阔，希望你不被女性标签所束缚，愿你成为悦纳自己的女孩，愿你成为你自己。

后　记

孩童的目的

身着戎装的军人和身披白袍的和平主义者，是男性理想化形象在现代世界分化的早期，他们都是男性形象对新的社会命题的回应，其中蕴含着强大的英勇无畏的精神力量。到21世纪，和平已经在绝大多数地方取代了战争，技术革命带来的巨大物质财富软化了世界的棱角，让普通人的生活也不必那么艰难。宽松的生存环境和主流社会命题的消失，让男性形象更为多种多样，这其中既夹杂着“拯救男孩”的呼声，也夹杂着对“兼性气质”的肯定。

看起来，男孩有了更多可供实践的气质角色，有了更多成长方向上的自由，但这种自由中却包含着强烈的困惑，古里安描述道："一方面，传统的男性角色正在被解构，而男孩渴望保有其间明确的男性人生目标。另一方面，新的男孩和男人角色正在努力地萌芽产生，然而还模糊不清。看似多元化的男性气质，是处在家庭和社会张力的影响之下，不足以完全指引男孩成为有明确人生目标的男人。"这句话的一个解释或许是，工业革命产生的巨大社会财富，彻底改变了家庭和社会对孩子，尤其是男孩的养育方式。男孩特有的用身体探索空间的方式不再被鼓励，父母们用金钱、科技、关爱，试图磨平孩子生存环境中的所有棱角，以确保他们的绝对安全。学校教育体系鼓励用语言和文字的方式安静学习，强调遵循秩序和规范。在这种制度空间下产生的看似多元的男性气质，是否能提供强大精神力量，成为有方向指引作用的男性形象，是可疑的，因为男孩们的成长中没有足够的空间供他们以最真实的方式探索这个世界。

在男孩的角色和成长方向正面临着新的挑战时，女孩面临着同样的问题——以看起来相反的方式。新的社会财富、社会环境和家庭教养，正在打破女孩的传统角色。女权解放社会，她们可以向社会要求更多的女性权利，但她们需要冲破的枷锁、要避开的危险，一点不比男孩少。

总的来说，在新的时代，男孩和女孩们面临的共同问题都在于——没有一个成熟的，理想化的性别榜样，也没有一条成熟的，看得见的路径，通向某个既定的清晰目标。

新世界的规则，就像不断移动的冰川，边界已模糊，路径繁杂交错。没有强大精神力量的理想化目标的成长，就像在一个没有参照物的荒原上，失去了方向感和动力。就如美国“男孩项目”的负责人朱迪思所说：“这个世界需要男孩做些什么贡献？男孩们想要被这个世界所需要，但他们不知道应该如何做贡献。”这一现状不仅令人难过，还具有潜在的危险性。这个结论同样适用于女孩。现在的孩子们不再需要成为一个传统的男孩，也不再需要成为一个传统的女孩，但他们需要成为自己。

这是时代赋予的自由，也是时代赋予的挑战。

陈　晓